Grazziella Guerra

Joice Cristina Rossi

Mônica Pileggi

Ciência, Substantivo Feminino

CLA editora

2006

Editor
Fabio Humberg

Assistente editorial
Cristina Bragato

Capa
Karen Sumie Fontana

Projeto gráfico
Kleber Souza

Diagramação
João Carlos Porto

Revisão
Guilherme Salgado Rocha, Humberto Grenes

Fotografias
Grazziella Guerra, Joice Cristina Rossi e Mônica Pileggi

Dados Internacionais de Catalogação na Publicação (CIP)
(Câmara Brasileira do Livro, SP, Brasil)

Guerra, Grazziella
Ciência, substantivo feminino / Grazziella Guerra, Joice Cristina Rossi, Mônica Pileggi. — São Paulo : Editora CLA, 2006.

Bibliografia

1. Ciência - Brasil 2. Entrevistas 3. Mulheres cientistas 4. Repórteres e reportagens I. Rossi, Joice Cristina. II. Pileggi, Mônica. III. Título.

06-3901 CDD-070.44950082

Índices para catálogo sistemático:
1. Mulheres cientistas : Reportagens : Jornalismo 070.44950082
2. Reportagens : Mulheres cientistas : Jornalismo 070.44950082

1ª edição - Junho/2006

Editora CLA Cultural Ltda.
Rua Coronel Jaime Americano 30 - sala 12
05351-060 São Paulo - SP
Tel/fax: (11) 3766-9015
E-mail: editoracla@editoracla.com.br
Home-page: www.editoracla.com.br

Contato com as autoras: ciencia@editoracla.com.br

Apoio
BASF
The Chemical Company

A todos que sabem reconhecer
a grandeza de uma mulher.

Obrigadas!

Em um livro de perfis, a parte vital são os entrevistados. Por isso, agradecemos às mulheres que acreditaram neste projeto, abriram suas vidas e compartilharam experiências. Com elas, aprendemos muito.

Adriana Válio Roque da Silva – ensina que aceitar a dinâmica da vida não destrói laços;

Ana Maria Setubal Pires-Vanin – mostra que é possível unir o cotidiano da vida com um mar de descobertas;

Carmen Sylvia de Alvarenga Junqueira – apresenta um Brasil diferente e a esperança de uma sociedade mais justa;

Constancia Pagano Gonçalves da Silva – mulher que cultiva ao longo do tempo a sabedoria de ter sempre o que aprender;

Lilian Maria de Castilho – sabe que a família pode ser um aconchego para superar dificuldades e desafios;

Luisa Lina Villa – revela que o reconhecimento não é imediato; é preciso seguir em frente e acreditar em si mesmo;

Magda Aparecida de Lima – respeita o próximo e tem constante preocupação com o meio ambiente;

Marcela Chiumarelli – dá continuidade ao ciclo da ciência;

Margarida Maria Kröhling Kunsch – incentiva as pesquisas em comunicação;

Maria Beatriz Puzzi – demonstra persistência e compaixão;

Monica Levy Andersen – cientista que nos inspira com sua determinação;

Rosângela Itri – mostra que tudo se transforma.

Também agradecemos às pessoas sem as quais este projeto não seria possível. À orientadora deste projeto, Marli dos Santos, que, além de confiar no nosso potencial, foi capaz de nos incentivar a querer sempre mais. Aos nossos pais e mães, pelo apoio em todos os momentos e por entender os nossos sonhos. Àqueles que colocaram a mão na massa: Guilherme Salgado Rocha, Juliana Cristina Marinheiro, Karen Sumie Fontana, Kleber Souza e Thiago Mediotti.

Somos gratas aos que nos deram entrevistas valiosas, dados, dicas e indicações de fontes: às assessorias de imprensa da Fapesp, Hospital do Câncer, Ipen, Ufscar, Unicamp, a Fanny Tabak, Flávia Natércia, Jacqueline Leta e muitos outros.

Por fim, somos muito agradecidas aos nossos amigos, colegas de trabalho e a todas as pessoas que ficaram ao nosso lado, compartilhando detalhes do livro, acompanhando nosso crescimento e compreendendo nossa ansiedade.

Índice

Da cabeça para o papel

Escrever um livro-reportagem de perfis foi algo inédito para nós três. O tema também foi algo novo. Entramos de cabeça no jornalismo científico para entender o universo de pesquisadoras e pesquisas. O universo da ciência. De Norte a Sul do Brasil existem mulheres fascinantes. Mas resolvemos nos centrar em São Paulo, o Estado com mais investimentos em pesquisa.

Escolhemos as cientistas de acordo com alguns critérios. Primeiramente, buscamos entrevistar pesquisadoras das diversas áreas do conhecimento, ligadas a universidades públicas e privadas e instituições de pesquisa, como Embrapa (Empresa Brasileira de Pesquisa Agropecuária), Ipen (Instituto de Pesquisas Energéticas e Nucleares) e Instituto Ludwig. Também estabelecemos como prioridade a produção científica – selecionamos pesquisas que se aproximam do cotidiano da população. A partir daí, recorremos a indicações de agências de fomento, colegas de trabalho, assessorias de imprensa, institutos e uma matéria aqui e outra acolá, com as novidades do mundo científico realizadas por mulheres.

Depois desses cuidados para abranger um grupo diverso e de referência em cada campo do saber científico, partimos para os contatos. Trocas de e-mails, telefonemas. A ansiedade era grande. Nem todas as mulheres que tivemos a intenção de entrevistar puderam ser incluídas. Nossa vontade era de continuar conhecendo outras cientistas, mas, dessa forma, o livro nunca chegaria ao fim!

Viajamos para Campinas, Botucatu e Jaguariúna, cidades do interior de São Paulo. Percorremos bairros da capital. Foram vários encontros, mais de um com cada entrevistada. Visitamos locais de trabalho – laboratórios, escritórios, universidades... Assistimos a aulas, palestras, acompanhamos o atendimento em um hospital, conhecemos o funcionamento de um reator nuclear.

No caminho de volta, trocávamos idéias sobre as impressões deixadas pelas entrevistadas e como conduzir o livro. Em casa, o computador foi nossa companhia. Horas e mais horas de pesquisa para entender melhor cada assunto. Por fim, o texto.

Como resultado, este livro, que tanto nos fez crescer como profissionais. Esperamos que agrade aos leitores e, assim como nós, eles se apaixonem pelo mundo da ciência, especialmente por essas pesquisadoras que estudam novos tratamentos para doenças, soluções para uma vida melhor e enxergam o mundo com responsabilidade e esperança.

As autoras

Como você imagina uma cientista?

Nem todas as glórias alcançadas pelas mulheres cientistas durante centenas de anos são reconhecidas. Durante a história, tiveram de pagar um preço muito alto para exercer seus direitos e ter acesso a uma educação igualitária. Elas viveram discriminação da sociedade e de familiares.

Ultrapassando as fronteiras do preconceito e da ignorância, pesquisadoras do mundo todo continuam conquistando espaços. Longe de se sentir intimidadas pelos desafios com os quais deparam, mostram-se muito capazes de desbravar os mistérios da natureza e do universo.

Caça às bruxas

Na Idade Média, no século 13, a Igreja Católica criou os "tribunais da inquisição", para o julgamento dos considerados hereges. Com isso, surgiu a "caça às bruxas".

Nessa época, as mulheres deram importantes contribuições à medicina, como a utilização de ervas para a cura de doenças. Algumas delas eram consideradas bruxas pelos inquisidores, por se organizarem em grupos para a troca de conhecimentos. Acreditavam que praticavam feitiçaria e tinham pacto com o diabo. Quando capturadas, eram submetidas a torturas, entre elas a perfuração da língua e do corpo com agulhas, surras violentas, estupros com objetos cortantes e até a mutilação dos seios. Muitas eram queimadas ainda vivas.

Exclusão feminina

O processo de exclusão de pesquisadoras fez com que a produção científica feminina fosse mais escassa do que a masculina. Algumas tiveram suas descobertas ofuscadas por familiares, colegas ou maridos. Outras publicaram artigos sob pseudônimos masculinos para evitar perseguições ou a perda de *status* social e, ainda, para dar mais credibilidade a seus trabalhos.

Embora poucas cientistas tenham sido reconhecidas, algumas se tornaram ilustres, como:

Maria, a Judia (aprox. 273 a.C.) – Alquimista que vivia no Egito e inventou o banho-maria.

Hipatia de Alexandria (370-415) – Matemática e astrônoma, teve sua educação orientada pelo pai e é considerada a última grande cientista da antigüidade. Hipatia inventou o astrolábio plano, que mede as posições de estrelas e planetas; um aparato para destilar a água; e o hidrômetro, usado para determinar a densidade dos líquidos. Foi assassinada por um grupo de cristãos contrário às idéias de Platão.

Hildegarda de Bingen (1098-1179) – Cientista mais influente do século 12. A maioria dos seus manuscritos encontra-se intacta até hoje. Hildegarda escreveu sobre cosmologia, medicina, botânica, zoologia e geologia.

Nicole Lepaute (1723-1788) – Em 1762, essa astrônoma francesa calculou o tempo exato do eclipse solar que ocorreria dois anos depois. Nicole também previu o retorno do cometa Halley em 1759 e descobriu como o efeito da gravidade dos planetas influencia o trajeto desses corpos celestes.

Mary Fairfax Sommerville (1780-1872) – Teve um considerável reconhecimento científico, o que causou a desaprovação de seu pai e de seu primeiro marido. Aclamada pelo jornal *The London Post* como "Rainha da Ciência do século 19", seus escritos tratam da ciência molecular. Foi defensora dos direitos femininos.

Mary Anning (1799-1847) – Geóloga, localizou o primeiro fóssil de ictiossauro, réptil aquático semelhante ao tubarão.

Ada Byron "Lady Lovelace" (1815-1852) – Filha do poeta Lord Byron, ficou conhecida como a primeira a descrever o processo da programação de computador. Em 1979, o Departamento de Defesa dos Estados Unidos nomeou a linguagem Ada em sua homenagem.

Sonia Kovalevsky (1850-1891) – Notável matemática russa, foi a primeira mulher no mundo a receber um PhD em matemática, depois de enfrentar uma série de barreiras aos seus estudos superiores. Publicou inúmeros artigos sobre os anéis de Saturno e, em 1888, foi premiada pela Academia Francesa de Ciências por seu trabalho sobre a rotação de sólidos.

Marie Curie (1867-1934) – Foi a primeira a ganhar dois prêmios Nobel: de Física, em 1903, e de Química, em 1911. Polonesa, radicada na França, inaugurou o termo radioatividade. Sua filha Irène também ganhou o Prêmio Nobel de Química, junto com o marido, Fréderic Joliot-Curie, em 1935, pela produção da primeira radioatividade artificial.

Lise Meitner (1878-1968) – Inspirada em Marie Curie, teve importante papel na descoberta da fissão nuclear. Primeira mulher a ganhar um prêmio da Comissão de Energia Atômica, em 1966.

Por trás dos homens

Por causa dos preconceitos enfrentados ao longo dos anos, as descobertas de muitas pesquisadoras foram atribuídas aos homens com quem viviam. Outro motivo é que algumas foram influenciadas por seus pais, companheiros e parentes.

Elizabeth Hevelius (1647-1693) – Ajudou seu marido, Johann Hevelius, a dirigir seu observatório. Após a morte dele, completou um catálogo de 1.564 estrelas, publicado em 1690.

Maria Winkelman (1670-1720) – A ela negou-se o acesso à Academia de Ciências de Berlim, porque, por ser cientista, era considerada um mau exemplo para as outras mulheres da sociedade.

Caroline Herschel (1750-1848) – Após seu irmão William convencer sua mãe de que pagaria uma empregada para substituí-la nas tarefas domésticas, Caroline foi morar na Inglaterra com ele. Aprendeu astronomia e foi assistente de William. Em 1783 ela identificou 14 nebulosas e, entre 1786 e 1797, descobriu oito cometas.

Anne-Marie Lavoisier (1758-1836) – Aos 13 anos, casou-se com o químico Antoine Lavoisier, de 29. Ela traduzia os trabalhos do marido do inglês para o francês, acompanhava suas experiências, fazia anotações e ilustrava inúmeras de suas publicações.

Mileva Maric (1875-1948) – Física sérvia e primeira mulher de Albert Einstein. Especialistas ainda discutem seu papel no desenvolvimento da teoria da relatividade. Em 1903, seu marido escreveu que precisava de Mileva, pois ela resolvia os problemas matemáticos.

Mulheres da ciência atual

No início de 2005, o reitor da Universidade Harvard, Lawrence Summers, sugeriu que as mulheres pudessem ter menor aptidão do que os homens para as ciências, o que explicaria a ausência de pesquisadoras bem-sucedidas. O depoimento causou revolta. Summers se desculpou publicamente dias depois.

No Brasil, mulheres como Mayana Zatz, geneticista reconhecida por pesquisas no ramo da distrofia muscular, e Johanna Döbereiner (falecida em 2000, aos 75 anos), cuja contribuição científica tornou o país um dos líderes da produção mundial de soja, mostram que declarações como a de Summers são equivocadas.

Marilena Chauí tem contribuído com o pensamento filosófico do Brasil e, assim como Mayana, está sempre em evidência na mídia. Mas são poucos exemplos, se comparado ao universo de pesquisadoras reconhecidas no meio científico por suas contribuições, mesmo longe da imprensa.

Conhecimento para todos

Para conquistar espaços, as cientistas devem ter produção científica publicada. Os resultados de pesquisas são divulgados para a comunidade científica principalmente por meio de artigos em periódicos indexados, indicando que o trabalho passou por uma avaliação e foi aceito pela publicação.

Em 2004 os brasileiros publicaram 14.920 artigos indexados internacionalmente – aumento de 15% em relação ao ano anterior. Com isso, o país passa a ocupar a 17ª posição no *ranking* mundial, segundo dados do ISI (Institute for Scientific Information – Instituto para a Informação Científica).

Entre 1998 e 2004, os artigos de pesquisadores da USP (Universidade de São Paulo) foram responsáveis por 26% da produção nacional, conforme os *Indicadores de Ciência, Tecnologia e Inovação em São Paulo – 2004*, publicados pela Fapesp (Fundação de Amparo à Pesquisa do Estado de São Paulo). A Unicamp (Universidade Estadual de Campinas) fica em segundo lugar, representando 11% do total de artigos brasileiros.

A divulgação das pesquisas é importante tanto para a comunidade científica como a sociedade. Mas atualmente pouco se fala em ciência nos jornais diários. Na televisão aberta o único programa brasileiro sobre o tema é o *Globo Ciência*.

A situação nos dias atuais

O número de mulheres que ocupam cargos altos em instituições de pesquisa ainda é muito inferior; se comparado ao de homens.

Para debater assuntos da área, em novembro de 2004 o Rio de Janeiro sediou o primeiro congresso Mulheres Latino-Americanas nas Ciências Exatas e da Vida. Foram discutidos temas relacionados à presença feminina na ciência, principalmente nas áreas de exatas e da terra.

De acordo com as conclusões do encontro, a vida de uma pesquisadora pode ser marcada por preconceito e falta de apoio; pouca perspectiva no mercado; dupla jornada de trabalho (atua como mãe e profissional); imagem de fragilidade feminina.

Na matéria "Mulheres cientistas da América Latina debatem obstáculos em comum", publicada em 18 de novembro de 2004 no boletim da Faperj (Fundação Carlos Chagas Filho de Amparo à Pesquisa do Estado do Rio de Janeiro), informações sobre pesquisadores de alto nível do CNPq (Conselho Nacional de Desenvolvimento Científico e Tecnológico) chamaram a atenção. "Com base em dados da Academia Brasileira de Ciências, Dora Ventura, vice-presidente da SBPC (Sociedade Brasileira para o Progresso da Ciência), provou que as cientistas são minoria, representando apenas 30% dos que estão no topo da pirâmide da carreira acadêmica."

Dora é o exemplo de uma brasileira que conseguiu vencer barreiras, ocupando a vice-presidência na SBPC. Mas existem poucas como ela. Segundo dados da ABC (Academia Brasileira de Ciências), é nítido que a mulher ainda tem muitos desafios para se igualar ou superar o *ranking* de cientistas homens na instituição. Os resultados divulgados em 2003 indicam que, dos 353 acadêmicos titulares, apenas 7,3% são do sexo feminino. "Em geral, observamos mulheres ocupando funções e cargos de menor reconhecimento, prestígio e poder. Nos institutos de pesquisa e nas universidades percebemos o mesmo fenômeno", diz Jacqueline Leta, bióloga e estudiosa do tema "mulher e ciência".

Ainda, os dados do IBGE (Instituto Brasileiro de Geografia e Estatística) apontam que as mulheres recebem salários inferiores aos dos homens, mesmo quando a escolaridade é igual.

Um dos avanços do governo é a preocupação com o assunto. Segundo Jacqueline, o encontro do Rio de Janeiro contribuiu para o lançamento, em 2005, do Programa Mulher e Ciência do CNPq, para incentivar estudos sobre a mulher na ciência no Brasil. "Essa é, sem dúvida, uma conquista enorme e acredito que auxiliará os órgãos competentes no direcionamento de suas políticas e ações em relação às questões do gênero."

Avental branco e óculos

Andando pelas ruas da Grande São Paulo, perguntamos para algumas pessoas: "Como você imagina uma mulher cientista?". Na maioria das respostas, observa-se que ainda existe um estereótipo:

> "Uma mulher louca, porque todo cientista tem que ser louco para ter bastante criatividade, para ter idéias. Tem que ser como Einstein."
>
> "A mulher, desde quando Deus a inventou, sempre foi muito caprichosa. Ela se esforça muito mais do que o homem. Acredito que uma cientista seja muito mais detalhista do que um homem e não como aparece nos filmes: uma mulher de óculos, linda, com o cabelo preso num coque e aquele fiozinho caindo discretamente. Para mim, ela pode ser gorda, magra, bonita ou feia. O que importa é o que tem dentro dela."
>
> "Acho que não tem muitas, porque a área é dominada por homens. Imagino com uma cara séria, usando óculos e umas bugigangas."
>
> "Tem que ser esclarecida, com uma cabeça muito grande. Me lembro daquela cientista... Como era o nome dela? Isso, Marie Curie. Assisti a um filme e li o livro sobre a história dela."
>
> "Não tenho a menor idéia."
>
> "Uma mulher muito inteligente, desbravando o desconhecido. Imagino uma garota de laboratório usando um avental comprido, até o joelho, com aqueles óculos redondinhos."

"Acho que é como a gente vê em filmes de ficção."

Segundo Jacqueline Leta, é preciso divulgar as cientistas de hoje que ajudam a construir o futuro. "Assim como em outras atividades econômicas e sociais, a inserção da mulher na ciência tem que ser entendida por um processo que envolve tempo e, muitas vezes, quebra de estereótipos e paradigmas. Mostrar mais exemplos de mulheres em áreas tradicionalmente ocupadas por homens e desenvolver atividades que visam 'desmistificar' a imagem clássica de cientista (um homem mais velho vestido com jaleco branco, óculos grandes e solitário em um laboratório cheio de tubos de ensaio) são exemplos do que podemos fazer para auxiliar este processo."

Ciência não é só laboratório. Pode ter diversos cenários: uma fazenda, um escritório com muitos papéis e livros, uma aldeia indígena... Também não é só biologia, apesar de ser a área de maior concentração de pesquisadores. É também comunicação, antropologia, química, física, agronomia, engenharia...

Este livro deseja incentivar o leitor a viajar por diversas áreas do conhecimento e perceber como as mulheres conseguiram superar obstáculos. Como dizia Marie Curie, faça como os cientistas e contemple os segredos da natureza com o mesmo fascínio com o qual uma criança ouve a narração de um belo conto de fadas.

Luisa Lina Villa

Na luta contra o HPV

Por onde passava, as pessoas podiam sentir um forte cheiro de queimado. Suas roupas, esburacadas, foram parcialmente destruídas pelo fogo. Tinha olheiras salientes estampadas num rosto pálido. Usava um chapéu e dele saía fumaça. "Morta em incêndio" foi a fantasia que Luisa Lina Villa, 54 anos quando a entrevistamos, preparou para a festa que promoveu em sua chácara. Ex-alunos, orientandos e colegas de trabalho vestidos a caráter dançaram e se divertiram num ambiente macabro: velas, tochas, morcegos, aranhas e até uma fonte de sangue artificial.

No final da noite, Luisa e sua irmã fizeram uma brincadeira. "Elas nos contaram uma tragédia e a nossa missão era pegar pedaços de um corpo no bosque. O grupo que conseguisse mais partes ganharia. Foi um horror para a mulherada. O caminho era escuro e cheio de surpresas, com direito a um som muito alto de gritos de terror", conta o médico urologista e ex-aluno, Roberto J.C. Silva.

Luisa sempre faz festas para seus alunos e pessoas próximas. "Costumo organizar de duas a quatro por ano – Natal, junina, Halloween... O que eu lamento é a grande quantidade de coisas para fazer, que me impede de estar mais próxima das pessoas com quem eu trabalho e de cultivar relações humanas."

Apesar de ser muito criativa, Luisa está longe de ser uma cientista maluca. A bióloga é a maior especialista do Brasil em HPV (vírus papiloma humano), microorganismo que infecta homens e mulheres e causa verrugas e lesões principalmente na região genital.

Bem depois do doutorado Luisa começou a estudar o assunto. A tese sobre genética e bioquímica de leveduras (fungos agentes de fermentação) foi defendida em 1978, sob orientação de Sérgio Olavo Pinto da Costa. Meses depois, o médico e professor Ricardo Brentani, da Faculdade de Medicina da USP, pediu a Sérgio uma indicação para o trabalho no laboratório de oncologia experimental. Na época, já se falava sobre a introdução de metodologias de engenharia genética, clonagem e transformação de células. Luisa tinha conhecimento do assunto.

Depois de uma entrevista, foi convidada para trabalhar com ele e esteve envolvida com clonagem de genes de colágeno, a linha de pesquisa de interesse de Brentani.

Três anos se passaram e Luisa, com o professor, foi para o Instituto Ludwig de Pesquisa sobre o Câncer. Desde então, trabalha lá – já são mais de 23 anos de atividade. Brentani tornou-se diretor do instituto e presidente da Fundação Antônio Prudente, do Hospital do Câncer. O laboratório em que a doutora trabalhou é chefiado pela mulher do cientista.

Quando Luisa foi para o instituto, nunca tinha ouvido falar do vírus. "Um dia, em 1983 ou 84, o Brentani chegou de um congresso e disse: 'Luisa, estão começando a falar do HPV. Você já conhece?'. Eu não sabia o que era, nem o que causava. Aí comecei a pesquisar em bibliotecas: verrugas, câncer no colo do útero... Ele me falou: 'Pegue essa oportunidade e veja se descobre algo interessante; temos no país grandes taxas de câncer genital, particularmente do colo uterino'. Foi a sopa no mel", conta.

A doutora partiu do zero e desenvolveu passo a passo uma linha de pesquisa. Passados alguns anos, tornou-se o único objeto de sua carreira, com vários projetos agregados.

Avanços contra o vírus

O HPV infecta uma em cada quatro mulheres brasileiras. Segundo estudos do Instituto Ludwig, é responsável por 96,5% de casos de câncer do colo do útero, que atinge cerca de 20.690 mulheres no país, de acordo com as estimativas de incidência para 2005 do Instituto Nacional do Câncer. Entretanto, menos de 3% das mulheres infectadas desenvolvem a doença, o que revela a importância da prevenção e diagnóstico precoce.

Um estudo do grupo de virologia do Instituto Ludwig, chefiado por Luisa, descobriu que uma dieta com alimentos ricos em carotenóides (também chamados de betacarotenos), como cenoura e tomate, é capaz de diminuir os riscos de agravamento das infecções pelo vírus.

Segundo Luisa, a única maneira de evitar completamente o HPV é não ter nenhum contato sexual, pois o vírus se espalha por toda a região genital. "A melhor forma de se prevenir é reduzir o número de relações ou ter apenas um parceiro e conhecer a sua história sexual. Em breve, vacinas serão fundamentais."

Estima-se que no Brasil o tumor no colo uterino seja a quarta causa de morte por câncer em mulheres, sendo o terceiro mais incidente (o primeiro é o de pele e o segundo, o de mama). Embora em menores proporções, o HPV também pode causar tumores em homens.

Para detectar o contágio, os médicos solicitam o exame papanicolau, bastante comum, ou testes moleculares.

Essas informações eram desconhecidas quando a bióloga começou a participar de congressos sobre o tema. Ainda existiam divergências entre os cientistas. "Naquela época, discutia-se a possibilidade de o HPV causar lesões ou se era apenas mais uma das infecções existentes no colo do útero, como herpes, clamídia [doença que causa secreção e ardor genital ou uretral]... Existiam muitas interrogações."

Lentamente, a equipe de Luisa foi resolvendo algumas questões. Os primeiros trabalhos, realizados em diversos Estados, objetivavam descobrir se tumores eram causados por HPV e por qual tipo. Existem cerca de 35 que podem infectar a região genital. "Estudos que me custaram muito e foram bem elaborados parecem simples se comparados com as perguntas que hoje nós podemos fazer, muito mais complexas. Mas foram essenciais."

Ampliando horizontes

O índice de tumores no colo uterino é maior em regiões carentes, por causa da inacessibilidade a médicos e das precárias condições de higiene pessoal, além da falta de informação e condições de vida desfavoráveis. Por isso, Luisa fez levantamentos com mulheres de baixa renda no Nordeste. Também averiguou a freqüência de HPV em populações indígenas não-urbanas e com pouco contato com cidades. Apesar de ter passado somente alguns dias nas tribos tiryios e waiapis, ela considera a experiência uma das mais "incríveis" de sua vida. "Pude viver em total simplicidade, com pouquíssimo conforto e recursos, o que me deu a oportunidade de observar a vida na sua plenitude, as pessoas, seus corpos e olhares, além da grandiosidade da natureza na sua essência. Percebi que é possível viver com muito menos e ser feliz, apreciando e respeitando o meio ambiente. O convívio com índios me afetou profundamente, a ponto de sempre querer voltar, o que é cada vez mais difícil."

Em colaboração com o pesquisador Wyller Mello, do Instituto Evandro Chagas, de Belém do Pará, e com a concordância da Funai (Fundação Nacional do Índio), foram colhidas células do colo do útero de índias a partir de 11 anos que já tivessem iniciado a atividade sexual. "Estudamos em torno de 200 espécimes e obtivemos dados importantes sobre a distribuição do vírus. Essas informações nos permitiram propor hipóteses de como ele teria se originado na África, passado pela Ásia e chegado ao Novo Mundo, com as populações que migraram há dezenas de milhares de anos."

A partir dos primeiros resultados, surgiram os artigos informando que o vírus estava presente no carcinoma do pênis, no câncer de colo do útero e em outros tumores da região anu-genital. "Obtivemos materiais de todas as partes do Brasil. A divulgação do assunto foi se ampliando. Colaboramos com diferentes centros de pesquisa e hospitais de câncer em todo o país, na tentativa de obter maior representatividade. Com isso, em cada lugar plantou-se uma sementinha. Várias pessoas fizeram teses sobre o tema, centros e cientistas passaram a ser especialistas no assunto. O Instituto Evandro Chagas, por exemplo, foi reconhecido pelo Ministério da Saúde como centro de referência para HPV."

— Você acredita que tenha sofrido alguma forma de preconceito durante sua trajetória?

— Não sou médica, mas tenho muita penetração no ambiente médico. Sou respeitada pela minha atitude, pela qualidade do meu trabalho. Não sinto que tenha sofrido preconceito.

— Qual o papel de sua equipe para o conhecimento geral da população sobre o vírus?

— Penso que somos responsáveis pela divulgação e conscientização, pois fomos pioneiros em trazer a tecnologia para diagnóstico molecular. Transferimos esse conhecimento para vários centros e formamos uma série de pesquisadores e professores. Alunos de diversos cantos do país e do exterior vêm ao Instituto Ludwig fazer alguma parte experimental do projeto e voltam levando conhecimento. Ao longo do tempo, algumas pessoas se formaram e passaram a participar ativamente dos congressos mundiais sobre HPV. Organizamos um no Brasil, em 2001. Pela audiência estrangeira e nacional, foi um sucesso.

Luisa acredita que a comunicação com a sociedade e a exposição do tema por meio de entrevistas e matérias de revistas e jornais compõem uma etapa importante na conscientização de que há estudos sobre o HPV no Brasil. "O país está inserido na pesquisa internacional do vírus." Ela espera que haja investimento do governo em campanhas para a prevenção e divulgação da vacina, próxima de se tornar realidade.

Representatividade mundial

Em 1998, Luisa foi procurada por uma pesquisadora da empresa farmacêutica norte-americana Merck Sharp & Dohme, em uma reunião da Organização Mundial da Saúde. A cientista estava envolvida no desenvolvimento da vacina contra o HPV e conhecia o trabalho do Instituto Ludwig. "Ela me perguntou se eu tinha interesse em coordenar ensaios clínicos, devido ao meu conhecimento da epidemia no Brasil e ao amplo estudo epidemiológico que havíamos conduzido em São Paulo, que gerou informações como taxa de infecção, entre outras."

Com base nesses dados, a equipe de Luisa propôs locais onde foram realizados ensaios clínicos com 700 mulheres voluntárias, de 16 a 23 anos. As pesquisas de fase um e dois comprovaram que a vacina é segura e protege contra os quatros tipos de HPV mais comuns (6,11,16 e 18). Os testes também foram feitos em países da Europa e Ásia e nos Estados Unidos.

Em maio de 2005, os cientistas envolvidos na segunda fase da pesquisa publicaram artigo na revista *The Lancet Oncology*, afirmando que, em 90% dos casos, a vacina impede a instalação dos quatro tipos de HPV de maior ocorrência.

"O estudo foi tão bem qualificado que fomos convidados a participar de novas investigações." O objetivo da terceira fase, que conta com cerca de 3.000 voluntárias no Brasil e outras 22 mil em 32 países, é confirmar a eficácia da vacina e obter mais dados sobre a aplicação em diferentes populações. Em algum tempo, também será possível verificar sua validade em mulheres previamente expostas ao vírus.

Em outubro de 2005, a Merck divulgou os resultados preliminares dessa fase, que mostram eficácia em 100% dos casos. Nenhuma das mulheres imunizadas desenvolveu lesões do colo do útero causadas por HPV 16 e 18. As que receberam placebo (substância que simula medicação) tiveram inúmeros casos de lesões. Em média, as pacientes foram acompanhadas por um ano e cinco meses.

Os resultados dessa fase são essenciais para o licenciamento da vacina preventiva pela FDA (agência reguladora de drogas e fármacos nos Estados Unidos). Quando chegar ao mercado, deverá ser aplicada principalmente em adolescentes e crianças que ainda não iniciaram a vida sexual, conferindo imunidade a quem não está afetado.

A previsão, no momento de nossa entrevista, era de que a vacina estaria disponível nos Estados Unidos no segundo semestre de 2006. A da concorrente GlaxoSmithKline, que protege contra os tipos 16 e 18, foi desenvolvida paralelamente e deveria receber a licença em 2007.

O Instituto Butantã, em parceria com a USP, também pesquisou tecnologia similar, mas está atrasado em relação às multinacionais. Os testes clínicos da vacina que também previne a infecção pelos tipos 16 e 18 não foram iniciados por falta de verba. O diferencial seria oferecer um produto mais barato.

A Merck destina anualmente, em todo o mundo, cerca de US$ 4 bilhões a estudos e descobertas de medicamentos inovadores. Em 2004, mais de US$ 5 milhões foram investidos em pesquisas clínicas no Brasil, em classes terapêuticas como vacinas, diabetes e colesterol. Segundo dados da assessoria de imprensa, trata-se do maior investimento entre as indústrias farmacêuticas brasileiras e o terceiro mais alto da Merck & Co. no mundo.

— Por que o Brasil foi escolhido para a realização das pesquisas?

— Nos outros países da América Latina, África e Ásia, onde o problema de câncer de colo de útero é muito grande, não existem estudos tão especializados como os que temos aqui. Isso colocou uma luz em cima de nós. Os nossos dados serviram para que a vacina fosse administrada em populações do Hemisfério Sul que não têm os mesmos níveis nutricionais do que as do Norte.

Entre pipetas e tubos de ensaio

Em conseqüência da sua dedicação, em 2003 Luisa recebeu uma licença sabática. O termo deriva de sabá, que significa descanso religioso. Existe uma tendência de incorporação dessa prática no mundo empresarial e na ciência. Trata-se de um período no qual a pessoa se dedica ao que deseja para seu crescimento e reciclagem – um projeto diferente do que realiza ou a expansão de uma linha de pesquisa.

A pesquisadora passou um ano e meio, com interrupções (no total foram nove meses), no MD Anderson Cancer Center, em Houston, Texas, onde pôde voltar ao laboratório. Desenvolveu projeto de pesquisa que consiste na busca de alvos protéicos de HPV reconhecidos pelas pessoas infectadas. Para simplificar, imaginemos uma biblioteca em que cada livro é um pedacinho de proteína. Luisa procurava na biblioteca quais os livros reconhecidos pelo soro de mulheres expostas ao vírus. Assim, identificava proteínas ou fragmentos que pudessem ser utilizados em outros estudos de HPV.

"Pretendo utilizar esses alvos protéicos – pequenos fragmentos ou proteínas – para fazer um teste diagnóstico ou desenvolver uma vacina que seria primeiramente testada em animais", afirma. "Se eu injetar em camundongos e observar alguma proteção, poderá ser muito diferente da testada em humanos e que foi feita pela indústria farmacêutica, pois utiliza uma tecnologia diferente. É um projeto à parte, que poderá gerar novas perspectivas", diz.

"Em 2004, voltei ao Brasil e dei continuidade a ele, porém com dificuldades, porque não há tempo. Tenho muitas atividades administrativas, escrevo trabalhos científicos, projetos, relatórios, coordeno um laboratório – realizo uma série de coisas exigidas pelo instituto. Andaram divulgando que eu sou tão ocupada que tenho uma esteira no escritório para fazer exercícios. Bem que eu gostaria!". Ela espera fazer a publicação científica do projeto em 2006 e sonha com outra oportunidade como essa.

Quando eu crescer, quero ser...

Luisa é italiana, mas aos cinco anos mudou-se para Porto Alegre com seus pais e sua irmã. "Meu pai buscava um mundo melhor no pós-guerra da Europa, que estava sofrida, e a idéia de um país novo o atraiu." Carlo Villa é técnico de tecelagem, especializado em máquinas de processamento de fios, a começar pela seda. Algo característico do Norte da Itália, região em que vivia com sua família em uma pequena cidade. Conduzido por um dos irmãos Matarazzo, mudou-se para Porto Alegre para estabelecer uma empresa de tecelagem daquela família. "Ele arrastou minha mãe, como ela costumava dizer, com grande medo de um lugar novo. Não falávamos português, mas tivemos excelentes oportunidades." Três anos depois, a família mudou-se para São Paulo. "Somos brasileiros praticamente. Nunca mais voltamos para lá, só a passeio", conta. "Aqui é muito mais aberto, pujante, empreendedor. A Europa é uma potência, mas em alguns lugares pequenos continua aquela coisa conservadora, retrógrada, e já não tenho mais cabeça para isso. Nós evoluímos. Nada de ficar pra trás!".

A vontade de Luisa de entrar em contato com a biologia a acompanha desde a infância. "Tínhamos uma biblioteca simples, pequena, com livros infantis que falavam sobre animais e que hoje vejo apenas em feirinhas de antigüidades. Meu pai também gostava de ler a revista *Seleções do Reader's Digest* [que trata de assuntos do dia-a-dia, comportamento, saúde e histórias de vida] e eu pegava para aprender sobre biologia. Eu me encantava com as coisas da natureza, especialmente com animais e humanos." Quando tinha dez anos, seu pai foi para os Estados Unidos. De presente, ela pediu um microscópio. "Essa história faz sucesso. Eu não vejo nada com o microscópio, mas ele está lá em casa, na minha estante", conta.

Fez colegial científico e, quando foi prestar vestibular, não quis saber de colocar mais de uma opção na ficha de inscrição – desejava cursar biologia, período diurno, na USP. "Apesar dos riscos que corria, estava certa do que queria. E passei, numa posição mediana. Eu era estudiosa, esforçada, interessada, apaixonada, mas nada brilhante."

No segundo ano de faculdade já quis ir para o laboratório. "Não via a hora de trabalhar com microorganismos, bichinhos pequenos, microscópicos." Ficou sabendo que o professor de genética Sérgio Olavo Pinto da Costa, do Instituto de Química, estava convocando estudantes para fazer iniciação científica. "Nem existia bolsa naquela época. Fiquei quatro anos trabalhando sem receber nada, lavando tubos, esterilizando materiais e me preparando para o doutorado. Hoje, se eu puder sair dessa sala e me enfiar num laboratório, eu vou, rindo à toa. Mas, infelizmente, só vou para o laboratório de vez em quando."

A vida acadêmica de Luisa rendeu cerca de cem artigos publicados. Muitos são frutos de seu trabalho no Instituto Ludwig, onde passa entre nove e 12 horas por dia em seu pequeno escritório cheio de livros, fotos e enfeites. "Quando estou no Brasil, fico aqui seis dias por semana. Um dia eu tento não trabalhar, mas às vezes levo coisas para resolver em casa. Ultimamente, tenho ficado sem vir para cá durante os fins de semana e me surpreendo. É um trabalho intenso, mas deriva da minha paixão e eu não sofro nada. Quando não estou por aqui, estou viajando. Dou palestras, cursos, participo de reuniões e presto assessoria à OMS [Organização Mundial da Saúde]. Essa rotina é extremamente cansativa." Luisa é consultora da OMS para determinados projetos que envolvem testes diagnósticos de HPV, vacinas profiláticas e terapêuticas contra os diferentes tipos do vírus. Também já participou da publicação de duas monografias sobre agentes carcinógenos em humanos.

À noite, vai para casa. Mora sozinha. Janta e sai para passear com sua cachorra. "Infelizmente não faço exercícios, apesar da esteira virtual aqui na minha sala [risos]. É algo que me faz muita falta." Anualmente, dá um curso de pós-graduação durante um mês no Instituto Ludwig, sobre vírus e câncer. Ainda arranja tempo para ajudar seus orientandos.

Luisa é bastante querida por seus alunos. "Existem uns marmanjos que ficam apaixonados pela mestra e até a disputam", brinca o ex-aluno e médico Roberto J.C. Silva. "Ela é uma mulher encantadora, sensível, decidida, humana, preocupada com a verdade, esforçada, sedutora, justa, brincalhona, musa inspiradora... Sou um apaixonado", declara.

Ele confirma que a cientista "trabalha demais da conta". Mas, apesar da agenda cheia, é uma pessoa acessível.

— Você não tira férias?

— Não. Quando eu tento descansar não consigo, porque estou acelerada.

E Luisa realmente não pára. Apesar de sua voz rouca lhe avisar que seu corpo está cansado. "Agora, começamos um estudo com HPV em homens. Será semelhante ao que fizemos com as mulheres. A previsão é que também dure entre nove e dez anos. Vamos estudar 3.000 homens, de 18 a 44 anos, nos Estados Unidos, México e Brasil, para saber que tipos de HPV podem ser encontrados no pênis, como eles adquirem o vírus, por quanto tempo fica e se desenvolvem a doença. O que nós fizemos com mulheres, que colocou o Brasil no cenário internacional, queremos repetir com homens."

A bióloga tem outros planos. Dessa vez, não fala de sua pesquisa. "Vou fazer serviço social. Pode ser educação no nível mais básico, alfabetização e até mesmo educação sexual."

Longe do escritório

Em sua vida particular, Luisa gosta de atividades manuais. "Faço tricô, mas o problema é ter tempo. Já pintei porcelana e sonho em pintar quadros, mas, se eu não tiver orientação, vai ficar meio estranho. Gosto de fazer arranjos, trabalhar com a terra. Por isso tenho uma horta em minha chácara. Depois, fico toda quebrada."

Quando fala de seu cantinho no interior, lembra-se de sua mãe, que adorava viajar para lá, e se emociona. "Ela faleceu recentemente, enquanto eu estava viajando a trabalho. É uma coisa que eu não vou tirar da cabeça por muito tempo. Está sendo muito díficil para mim."

— Quais são as outras pessoas mais significativas para você?

— Minha irmã, meus três sobrinhos – filhos que eu não tive biologicamente... Há três anos me tornei tia-avó da Laura e, recentemente, da Julia. Elas carinhosamente me chamam de Vó Lu. Também destaco meu ex-marido, do qual me separei há 15 anos. Na vida profissional, Sérgio Olavo e Ricardo Brentani são figuras essenciais.

Seu ex-marido é veterinário especializado em cavalos, "extremamente competente", segundo ela. A separação não ocorreu por causa da vida dedicada a pesquisas, mas por motivos particulares. O casal não teve filhos. Luisa sempre pensa em ter uma companhia, mas não fica ansiosa. "Não me sinto só e o trabalho me ocupa em demasia."

A entrevista chega ao fim. O tempo para fotos é restrito, pois em cinco minutos tem uma reunião. Simpática, despede-se e deixa as portas abertas para futuros contatos, ainda que seja difícil encontrar algum tempo vago em sua agenda...

Arquivo pessoal de Joselma Siqueira

Animação e criatividade na festa de Halloween aproximam alunos e colegas da cientista anfitriã (terceira da esq. para a dir.)

Divulgação

Campanha do Hospital do Câncer contra o HPV: mais força para a prevenção da doença

Ana Maria Setubal Pires-Vanin

Cabrinha do mar

"Alô, pessoal! Diretamente a bordo do navio Prof. W. Besnard as notícias sobre nosso cruzeiro. Desde sexta-feira temos trabalhado muito para dar conta das estações que faltam. Nossa rotina é levantar antes das seis da manhã, pois às 6h15 começa o primeiro trabalho da estação oceanográfica. Lançamos um CTD, aparelho com sensores eletrônicos que registram a temperatura, salinidade e condutividade da coluna de água, da superfície até o fundo. Por aí ficamos sabendo quais as massas de água presentes na área, para traçarmos um quadro da dinâmica hidrográfica e assim interpretar melhor os resultados obtidos com as comunidades biológicas presentes. Vamos estudar a dinâmica sedimentar e a direção em que os contaminantes são depositados..."

Da Baía de Santos, a cientista Ana Maria Setubal Pires-Vanin faz os registros de mais uma viagem a bordo do navio oceanográfico Prof. W. Besnard. O mar é uma paixão descoberta há mais de 30 anos.

Em uma palestra do professor Plínio Soares Moreira, no início dos anos 70, Ana Maria, na época estudante do terceiro ano de ciências biológicas da USP, decidiu qual seria a sua área de atuação. "Foi a primeira vez que tive uma visão do que era a oceanografia e simplesmente me encantei."

Plínio atuava no Instituto Oceanográfico da USP. Falecido em 1988, foi uma figura importante ao longo da carreira da oceanógrafa. Após a palestra, Ana conversou pessoalmente com o professor para entender melhor seu trabalho, que envolvia navios e coletas no mar. O encontro rendeu à estudante seu primeiro estágio, no início de 1971, e uma longa relação entre mestre e aprendiz.

Na época, o instituto acabara de ser transferido do centro de São Paulo para a Cidade Universitária. De lá, Ana nunca mais saiu. Depois de formada, quis fazer pós-graduação, mas o instituto ainda não tinha um curso formal reconhecido. Corriam pelos corredores conversas de que no ano seguinte ele passaria a existir. Ana passou 1972 fazendo coletas mensais de algas e conseguiu uma bolsa de aperfeiçoamento da Fapesp. As coletas viraram tema de seu mestrado, em 1975, sobre a biologia da fauna das algas marinhas, até então nunca abordado no Brasil. Em seguida, iniciou seu doutorado sobre a distribuição de isópodos, um grupo de crustáceos (seres como caranguejos e siris), em diversos costões rochosos no litoral norte de São Paulo. Tornou-se doutora em oceanografia biológica, no final de 1977, com apenas 28 anos.

— Como era sua relação com seu orientador, o professor Plínio Moreira?

— No início de minha carreira tive como guia sua honestidade e seu desempenho científico. Superar a morte dele foi um momento difícil para mim. Sempre o considerei um mestre, mas segui meu próprio rumo.

E realmente seguiu. Ana Maria é reconhecida internacionalmente por seu estudo com crustáceos. Hoje, coordena o EcoSan, pesquisa sobre os efeitos da poluição no mar da Baixada Santista no desenvolvimento de espécies marinhas, como a tainha e o siri azul, consumidos pela população local. É também professora titular (cargo mais alto de um docente da USP) do Departamento de Oceanografia Biológica e atua na graduação e pós-graduação do Instituto Oceanográfico.

Durante a entrevista em sua sala, decorada com quadro de golfinhos, fotos subaquáticas de corais e esponjas, de praias e dos navios utilizados em pesquisas de campo, Ana explicou um pouco melhor a área na qual atua. Também falou de sua pesquisa na Baía de Santos, apesar de ser uma "mulher extremamente ocupada", como definiu uma de suas orientandas, Juliana Ferreira. Nossa conversa foi interrompida, pois a cientista precisou resolver um problema urgente a respeito do navio Prof. W. Besnard, que zarparia dentro de alguns dias.

Diário de bordo, viagem de coleta de inverno, algumas horas depois:

"...Após o CTD, lançamos uma caixa amostradora do fundo marinho, chamada box corer. *O aparelho é bem grande e pesado, são mais de 500 kg. A caixa é fincada no fundo e vem bem cheia quando ele é lamoso ou com um pouco menos da metade quando é de areia. Lançamos várias vezes e coletamos os animais que vivem dentro desse sedimento. Existe uma grande variedade desses organismos, que são então guardados em frascos para serem triados sob lupa nos laboratórios do Instituto Oceanográfico..."*

Família ê, família ah! Família!

Em fevereiro de 1977, mesmo ano da defesa do doutorado, Ana casou-se depois de oito anos namorando. Colegas de turma do curso de ciências biológicas, ela e seu marido começaram o relacionamento no dia do baile de calouros. Sergio foi fundamental na trajetória bem-sucedida de Ana

Maria e também trabalha na USP, no Departamento de Zoologia do Instituto de Biociências, estudando besouros.

— Como seu marido encara sua carreira?

— Tive a sorte de ter um verdadeiro companheiro ao meu lado. Além de me apoiar em tudo que eu faço e entender minhas viagens, Sergio me ajuda em casa também. A gente sempre dividiu tarefas.

São 28 anos de casamento. Tempo suficiente para ele saber que aos sábados não tem conversa. Não adianta querer dormir até mais tarde, pois é dia de feira. Esse é o trato do casal. "Faço supermercado sem problemas, mas detesto ir à feira. Essa função é do meu marido e não adianta ele falar que está com preguiça. Tem que ir." E feira é fundamental na casa de Ana Maria. Sempre come frutas e verduras e gosta de manter uma vida saudável, praticando atividades físicas. Faz hidroginástica e natação três vezes por semana. "Costumava caminhar no campus com o Sergio, mas, com problema na coluna, optei pela piscina."

Ana tem uma rotina regrada. Chega à universidade às nove horas e sai ao meio-dia para almoçar em casa com seu marido. Volta às duas horas e só vai embora depois das sete da noite. Nos dias de natação ou hidroginástica, seu trabalho se encerra por volta das cinco e meia. "Pela manhã trabalho no projeto EcoSan. À tarde, me concentro em relatórios e projetos de pesquisa. Identifico crustáceos que me mandam do Brasil todo. Depois das quatro da tarde me dedico à parte administrativa da vice-diretoria. Quando estamos em período de aulas, elas viram prioridade sobre todos os demais trabalhos."

Coordenadora de pesquisa, professora titular, vice-diretora do Instituto Oceanográfico e esposa, Ana também é mãe de dois filhos. Ricardo, 24 anos no momento de nossa entrevista, é surfista e cursa publicidade na Faculdade Anhembi Morumbi, em São Paulo: Com sete anos foi visitar pela primeira vez o navio Professor W. Besnard, no Porto de Santos. Era domingo e Ana Maria viajaria para realizar coletas no mar. "O Ricardo entrou em todos os compartimentos do navio de olhos arregalados, prestando atenção em tudo o que via. Quando chegou em casa, pediu ao pai papel e lápis, pois queria desenhar o navio da mamãe", descreve com um sorriso. O desenho fica até hoje pendurado na sala de trabalho da mãe, que ainda se espanta ao ouvir seu filho convidá-la para tomar uma cerveja. "Sair para beber com ele é muito engraçado. Você pensa que eles ainda são crianças e, de repente: 'Mãe, vamos tomar uma cerveja!'."

O filho mais novo, André, 21 anos na época da entrevista, é desenhista e cursa artes na Universidade Estadual de Londrina, no Paraná. “Esse nasceu com o lápis na mão. É todo tranqüilo. Quis se mudar de São Paulo por não agüentar mais a poluição e a agitação da cidade.” O pai usava os desenhos dele como exercícios na aula de classificação de organismos que ministrava na USP. “Os alunos adoravam os monstrinhos que André criava”, conta, orgulhosa de sua família. “Descobri minha gravidez do André quando estava sozinha na Alemanha fazendo estágio. Mais uma vez, meu marido me apoiou muito, mesmo de longe. Quando voltei ao Brasil, três meses depois, já dava para ver a minha barriga crescendo.”

Dedicação ao mar

A viagem de inverno durou 46 dias. Coletas e pesquisas fizeram parte do dia-a-dia dos tripulantes. Diário de bordo, o trabalho continua:

“...Bom, depois do box corer *lançamos uma draga, aparelho com uma boca em forma de moldura retangular de ferro com um saco de malha fina atrás, que é arrastado por dez minutos sobre o fundo, amostrando também os animais que aí vivem, mas dessa vez sobre e não dentro do fundo. Aí já é por volta das dez horas e temos ainda dois arrastos de rede de pesca para fazer, o que leva outras duas horas...”*

Oceanografia é uma ciência complexa. Para estudar o mar, é preciso conhecer a geologia marinha e os bichos associados ao fundo. Noções de física e química também são fundamentais. “Como não podemos saber muito bem de tudo, nos associamos com colegas especialistas em outras áreas.”

Assim surgiu o EcoSan, estudo sobre a influência do complexo estuarino da Baixada Santista sobre o ecossistema da plataforma adjacente. “É um projeto multidisciplinar que abrange as áreas de física, química, biologia e geologia do Instituto Oceanográfico”, explica Ana. Envolve 50 pesquisadores. Segundo os cálculos da oceanógrafa, o time feminino é o mais numeroso. O projeto foi aprovado em julho de 2004 pelo CNPq, por meio do Pronex (Programa de Núcleos de Excelência), em parceria com a Fapesp. As coletas só começaram em outubro do mesmo ano, após a importação e a compra de todo o material utilizado, na maioria eletrônico, e a formação das equipes de trabalho.

O aparelho CTD registra a temperatura, salinidade e condutividade da água por meio de sensores eletrônicos. O *box corer*, caixa com mais de meia tonelada, serve para trazer uma amostra do fundo com os animais que vivem nesses sedimentos. O equipamento chamado pegador coleta o fundo como uma mordida. Redes de pesca, filtros para produção primária do plâncton, vidraria para coletas e reagentes químicos são materiais de consumo e precisam ser comprados periodicamente.

Três equipes de pesquisadores se revezam na coleta de amostras do mar na região de Santos. A primeira analisa a dinâmica das águas, a produção vegetal realizada pelo fitoplâncton, a composição e distribuição do zooplâncton marinho (organismos microscópicos que vivem na água do mar) e a produção de larvas de peixes.

O segundo grupo estuda a geologia e os sedimentos do fundo do mar – os bentos (seres habitantes do fundo), desde os pequeninos, desconhecidos pela maioria das pessoas, até os seres grandes, como camarão, caranguejo e estrela-do-mar. Até o término da pesquisa, previsto para julho de 2007, a equipe estudará ainda a pesca local. Serão analisados alguns tipos de peixes, como a tainha e o siri azul, vendidos ao longo da costa do litoral sul de São Paulo para consumo humano, que podem estar contaminados pelos poluentes despejados na Baía de Santos.

A terceira e última equipe se concentra no estudo dos poluentes encontrados principalmente na saída da baía. São analisados o hidrocarboneto de petróleo, para verificar a quantidade de resíduos do óleo na água; metais pesados despejados pelas empresas do complexo de Cubatão e pelo Porto de Santos; uma substância chamada coprostanol, presente nos dejetos humanos; o lixo orgânico e o esgoto clandestino jogados nos rios que desembocam na baía; e outros.

As coletas são mensais e as equipes viajam por volta de uma semana cada, nos barcos Albacora ou Veliger II, para apanhar materiais das 15 estações. A freqüência é ideal, porque o sistema nas entradas dos rios é muito dinâmico.

Há também as coletas verão e inverno, feitas na plataforma continental entre São Sebastião e Peruíbe com o navio Professor W. Besnard, retirando material numa profundidade de 20 a cem metros. As viagens sazonais duram cerca de 45 dias, tendo a de inverno sido feita em setembro de 2005. "Apesar do mar agitado por causa do ciclone no Sul do país, com rajadas que ultrapassaram os cem quilômetros por hora, deu tudo certo. O pessoal passou um pouquinho mal no começo da viagem, mas depois correu tudo bem. Conseguimos obter todo o material necessário e adoramos mais essa experiência."

— Como surgiu a idéia da pesquisa?

— Apesar de Santos ser uma área tão próxima da capital paulista, não existia até então nenhum trabalho parecido com o EcoSan, projeto voltado para um conhecimento global do mar dessa região.

A partir dos resultados, serão publicados artigos científicos em revistas especializadas, além de dissertações de mestrado e teses de doutorado e pós-doutorado dos alunos envolvidos no projeto. "Pretendemos também lançar uma publicação especial com um resumo de cada área. Queremos mostrar qual é a real situação do ecossistema marinho da Baixada Santista."

É a maneira que o grupo encontrou para prestar um serviço à população. "É nosso dever, afinal trabalhamos com o dinheiro público. Qualquer cidadão deve ter acesso às conclusões de nossa pesquisa", enfatiza.

Após a saída do edital do Programa Núcleo de Excelência, o CNPq se associou à Fapesp e o projeto, orçado inicialmente em R$ 1,1 milhão, teve aprovada uma verba de R$ 800 mil. A prestação de contas dos gastos orçamentários e os relatórios científicos são analisados pela Fapesp.

Com a aprovação de um valor um pouco menor do que o orçado, o grupo teve que se virar. Passou a produzir projetos-filhote para conseguir mais verba com as agências de fomento. Assim, a compra dos materiais de consumo não fica comprometida.

Diário de bordo, o dia no mar parece não ter fim:

"... Depois de seis horas de trabalho e muitas bolachas ou frutas, ainda bem que chegou a hora do almoço! Todo mundo chega à mesa morrendo de fome, pois trabalhar pesado no mar abre muuuito o apetite. Após algumas horas de navegação, chegamos a outra estação, e aí o trabalho recomeça e só termina por volta das oito da noite. Hoje foi nosso último dia de trabalho. Estamos aguardando atracar para o batismo dos pagãos. Temos sete deles (quatro alunos de graduação em oceanografia, um de pós-graduação e duas estagiárias). A brincadeira é muito divertida e encerra um cruzeiro. Todos recebem o nome de um ser marinho (peixe ou invertebrado) e um diploma assinado pelo comandante, atestando que a pessoa está junto à corte do Senhor dos Mares. A cerimônia envolve um banho de lama, farinha e água do mar..."

Ana, assim como as estagiárias e os alunos da viagem de inverno, também foi batizada no navio Prof. W. Besnard. "Foi em 1986 e recebi o nome de um peixe que vive no fundo do mar, o *Prionotus nudingula*, conhecido também como cabrinha."

A vida vem em ondas, como o mar

Cabelos curtos e castanho-claros. As sobrancelhas são finas e bem delineadas. Os óculos de leitura ficam sobre a mesa durante o encontro. Brincos pequenos, dois anéis, um de casamento e outro na mão direita, relógio e uma pulseira na mão esquerda. Tudo dourado. Combinando com um conjunto azul de bom gosto. Não só na rotina e na maneira de se vestir Ana é organizada. Todo o material de escritório de sua sala é devidamente identificado com etiquetas: Ana Vanin ou A.M. Vanin.

Paulistana com muito orgulho, ela sempre gostou de estudar. Desde pequena lia qualquer coisa que caísse em suas mãos. Os livros de Monteiro Lobato, leu todos. Hoje, aprecia o mistério de Agatha Christie e seu detetive Poirot, e considera Edgar Allan Poe um autor simplesmente fabuloso. Gosta de vários estilos de música, dependendo do seu estado de espírito. Para relaxar ou se concentrar enquanto escreve seus trabalhos – já são 58 artigos publicados em revistas nacionais e internacionais – Ana gosta de ouvir músicas calmas, como Enya ou Lorena Mckennitt. Quando quer se animar, ouve MPB, geralmente as cantoras Marisa Monte e Adriana Calcanhoto.

Uma característica marcante nessa aquariana de voz suave, nascida no dia 27 de janeiro de 1949, é a maneira como concilia a vida pessoal e a profissional. "Quando estou no instituto, me concentro no meu trabalho. Nos fins de semana fico com a minha família e nas férias não abro mão de viajar com eles". A ex-aluna Kátia dos Santos, também envolvida no EcoSan, considera o contato com a professora estritamente profissional. "Ana, apesar de ser ocupada, está sempre disponível para ajudar nos nossos projetos. Ela trabalha com seriedade e competência. É muito criteriosa", completa.

Mesmo saindo em cruzeiros oceanográficos longos, de pelo menos 12 dias em alto-mar, e cruzeiros curtos, de dois ou três dias, a escolha da família na viagem de férias é sempre a praia. "Cada ano vamos conhecer um lugar diferente. Mas para o campo ou para a montanha ninguém quer ir. A primeira opção é sempre a praia. Às vezes, insisto para irmos para outro lugar, mas não tem jeito", ri.

Nem sempre é fácil contornar a dupla jornada, mas Ana dribla a situação da melhor maneira que pode. Quando voltou do estágio na Alemanha, Ricardo, o mais velho, tinha apenas dois anos. "Do momento em que eu desci do avião até chegarmos em casa, meu filho não me deu um só abraço ou sorriso. Depois que chegamos em casa, ele abriu o monte de brinquedos que eu havia trazido e viu que eu não ia mais embora. Ficou grudado em mim e não me deixava nem mesmo ir ao banheiro", relembra.

— Em alguma viagem você sentiu vontade de voltar correndo para casa, com saudades da família?

— Já. Aconteceu nessa mesma viagem em que fiz meu estágio na Alemanha, em 1984. Fiquei 40 dias fora. Ligava quase todos os dias. Morria de saudades do meu filho e do meu marido. Para se ter uma idéia, a conta de telefone foi muito maior do que a conta da hospedagem!

Atualmente, o marido a acompanha nas viagens e ajuda nas tarefas de coleta. Quando não pode ir, a pesquisadora traz agrados para ele e para o restante da família. "Um doce, um biscoito artesanal, balinhas de banana, camisetas etc."

Diário de bordo, chega de trabalho por hoje:

"...Após o jantar (oba, hoje teve sorvete de sobremesa, para alegria da galera), quem agüenta sem dormir assiste um DVD. Temos filmes de monte e a escolha se faz por votação..."

Nos seus elegantes 56 anos quando a entrevistamos, Ana Maria é a primeira mulher do Instituto Oceanográfico a se tornar professora livre-docente, posteriormente titular e vice-diretora. Antes dela, só os homens chegavam ao topo da carreira.

— Já sentiu preconceito na sua área por ser mulher?

— Os cargos administrativos ainda são, na sua maioria, dos homens. Mas na parte científica nunca sofri nenhum tipo de preconceito por ser mulher. A moeda de troca que temos aqui dentro para subir na carreira é o trabalho publicado em revistas especializadas. Lembro-me do que o professor Plínio me disse logo quando comecei a trabalhar aqui: "Quando tiver um resultado de pesquisa interessante, publique. A publicação é sua. Ninguém pode tirar isso de você."

— Estudos, aulas, trabalho administrativo. Família, marido e filhos. Tudo isso a faz feliz?

— Sim. Sou uma pessoa feliz. Acho que deu tudo certo na minha vida.

Diário de bordo, missão cumprida!

"...Depois disso tudo, como vocês podem ver, a gente trabalha duro, mas também se diverte muito. Bom, pessoal, hoje contei nossa rotina. Bye, bye, *e até qualquer hora, em um novo cruzeiro. Galera, a gente se vê por aí, tá? Saudades e beijos! Estou voltando para casa... de vez... estou voltando para casa... outra vez! Ana Vanin."*

Francisco Luis Vicentini Neto – Iousp

Navio oceanográfico
Prof. W. Besnard em alto-mar

Desenho feito por Ricardo,
filho mais velho da oceanógrafa

Alguns dos seres estudados por Ana

Margarida Maria Kröhling Kunsch

Fazer ciência é também saber comunicar

"Ciência da comunicação" pode soar estranho. Normalmente se associa ciência à física, biologia e à figura de Einstein. Porém, independentemente dessa imagem metonímica, a comunicação é um campo de conhecimento legitimado no mundo acadêmico. Como em outros saberes, é constituído de objetos de estudo, metodologias, pesquisas e pesquisadores. Os tubos de ensaio, neste caso o ser humano, ficam longe de um laboratório como os conhecidos. Este, por sua vez, tem como cenário diversas paisagens. Nesse universo há várias cientistas atuantes, que lutam por verbas dos órgãos de fomento, por espaço na academia e reconhecimento de seus pares. Algumas são até reverenciadas.

No prédio três do bloco B da Escola de Comunicação e Artes da USP encontra-se uma delas: Margarida Maria Kröhling Kunsch. Referência obrigatória em assuntos de relações públicas e pioneira nos estudos de comunicação organizacional no Brasil, é um dos mais importantes nomes da área na América Latina.

Suíça tropicalizada

Bisneta de alemães, Margarida nasceu em 15 de janeiro de 1947, no Espírito Santo, em um pequeno lugar chamado Santa Maria, local que na época pertencia a Domingos Martins e hoje faz parte de Marechal Floriano, cidade criada em 1990. Seus bisavós desembarcaram no Estado capixaba em meados do século 19.

Em seu memorial, escrito no início de 2005 ao concorrer à vaga de professora-titular na USP, a cientista lembra sua terra natal como uma cidade que oferece aos visitantes e seus habitantes paisagens maravilhosas, como uma Suíça tropicalizada.

Filha de lavradores, Margarida viveu em Santa Maria até os três anos de idade. Em 1950, seu pai, João Pedro Kröhling, definido por ela como homem de mentalidade arrojada, sempre preparado para enfrentar novos desafios, decidiu mudar-se para Guarapari, onde sua mãe, Maria Margarida Thomas Kröhling herdou uma lavoura.

Ali passou sua infância, com os pais e oito irmãos: Ana, Hilário, Regina, Aloísio, Francisco, Hilda, Lino e Cicília. "Nossa família era muito unida, o que significou para mim um exemplo de vida."

João Pedro foi um pai exemplar. Seu esforço para que os filhos fossem além de lavradores inspirou Margarida a cultivar a idéia de um dia também deixar Rio da Prata, como fizeram alguns de seus irmãos, e estudar fora. Suas irmãs mais velhas, porém, permaneceram no campo, constituindo um lar e atendo-se às tarefas de donas-de-casa.

Desde o colegial, sua inclinação para a área de relações públicas era evidente. Naquela época, no início dos anos 60, coordenava um trabalho de ação social com jovens de um bairro chamado Quilômetro Noventa. "Fazia palestras, organizava encontros e procurava articular a população para a vida comunitária."

A vida em São Paulo

Em 1970, aos 23 anos, Margarida mudou-se para São Paulo. Fascinada pelos encantos de uma cidade culturalmente rica e o maior centro econômico do país, ela se instalou na casa de seus irmãos, que aqui já moravam. Enfrentou os desafios de viver em uma cidade grande: o começo não foi tão fácil. "Tive o impacto de sair de uma cidade bem pequena, mas nada que me alarmasse."

O primeiro emprego foi o de auxiliar de relações públicas do recém-criado Hospital Albert Einstein. Sua tarefa era conquistar integrantes notáveis da comunidade israelita de bairros como o Bom Retiro e Higienópolis e fazê-los sócios-contribuintes da instituição. Três anos depois começou a cursar relações públicas na Faculdade de Comunicação Social Anhembi, hoje Universidade Anhembi-Morumbi.

Em 1971, menos de dois anos após iniciar sua vida profissional, Margarida, na época noiva de Waldemar, com quem se casaria pouco tempo depois, comprou um sobrado no Brooklin Paulista, a primeira casa própria do casal.

Amor pelo magistério

Questionadora, Margarida passou a dar aulas em universidades graças à indicação de um professor, Ney Sucupira. "Eu era a aluna que mais ousava incomodá-lo. Certa vez ele me disse: 'Menina, como você levanta questões! Você leva jeito para se tornar professora'."

Concluída a faculdade, a pesquisadora começou a dar aulas na Universidade de Mogi das Cruzes. Levava quase três horas de trem para chegar ao trabalho. A cientista trabalhou lá até o primeiro semestre de 1979, ano em que sua segunda filha, Graziela, nasceu. Seu tempo era dividido entre as aulas e as filhas. Como lecionava no período da noite, Margarida esperava seu marido, também professor, voltar do trabalho para cuidar das crianças e sair para trabalhar.

Fazer parte do time de professores do Instituto Metodista de Ensino Superior, atual Universidade Metodista de São Paulo, de 1978 a 1989, representou um espaço acadêmico muito importante para a carreira de Margarida. Além de reformular a grade curricular de relações públicas, montou o laboratório experimental do curso. Conheceu José Marques de Melo, o qual, no início de seu mestrado na USP, a convidou para se filiar à Intercom (Sociedade Brasileira de Estudos Interdisciplinares da Comunicação), parte importante da sua trajetória e "causa que nunca abandonou".

A relações-públicas trabalhou ao longo de 12 anos em cinco diferentes instituições, entre elas a Universidade Santo Amaro, Universidade Anhembi-Morumbi e Faculdade Cásper Líbero, como professora do curso de comunicação social. Em 1989, deixou as universidades privadas para se dedicar ao ensino e à pesquisa na Universidade de São Paulo. "Até hoje, ao subir pela avenida que dá acesso às faculdades e aos institutos, emociono-me por fazer parte dessa instituição universitária. Apesar de todos os entraves que enfrenta, considero-a modelar. Situada num campus singular em termos de beleza natural, até mesmo com uma pequena reserva de Mata Atlântica, ela se mostra ainda mais especial para mim", descreve poeticamente em seu memorial.

Artesanato intelectual

Curiosa, Margarida está sempre em busca de novas obras acadêmicas de comunicação. A primeira pesquisa da cientista foi seu mestrado, concluído em 1985, cujo objetivo era descobrir qual o papel do planejamento de relações públicas na comunicação integrada.

"Talvez tenha sido a primeira a usar a comunicação integrada como conceito principal, pesquisando-a já em 1979 e desenvolvendo-a na dissertação de mestrado. Mais importante que o eventual pioneirismo, entretanto, é o fato de que ela foi certamente a autora que mais se dedicou e colaborou para a compreensão da necessidade de uma comunicação que articule diferentes atividades profissionais", escreve o colega Jorge Duarte na resenha sobre o livro originado de sua dissertação.

Seis anos depois, Margarida apresentou sua tese de doutorado (em abril de 1991), sob o título *Universidade e Comunicação na Edificação da Sociedade*. Entre os frutos desse trabalho, a pesquisadora foi convidada a apresentar seminários e palestras sobre o tema em diferentes regiões do país e a transformá-las em uma disciplina do curso do Núcleo José Reis de Divulgação Científica, da ECA (Escola de Comunicações e Artes) da USP.

Disseminando conhecimento

Passar pelos prédios da universidade, escondidos entre árvores de diversas espécies, faz parte do dia-a-dia da relações-públicas. Mas ela caminha quase anônima. Olhos claros, protegidos pelas lentes dos óculos de armação quadrada na cor marrom, a discrição de sua vestimenta, apenas adornada com um lenço verde de seda no pescoço, indica a personalidade de quem não precisa e nem quer chamar atenção por acessórios.

Livre-docente da USP, em regime de dedicação integral ao ensino e à pesquisa, ela dá aulas na graduação e na pós-graduação *Stricto Sensu* e *Latu Sensu*. Margarida se divide entre as aulas, a coordenação do curso de relações públicas da instituição e também da pós-graduação.

"Antes de entrar na ECA, procurei a Margarida para saber mais sobre o curso e pegar algumas referências. Tive contato com ela na graduação e ela foi a orientadora da minha monografia. Gostava de bater na porta da sala dela só para conversar. Ela sempre foi muito receptiva e agradável. É uma formadora de opinião muito respeitada e reconhecida", descreve seu ex-aluno Vladimir M. de Cavalcanti Mello, relações-públicas da Basf.

A cientista é autora de três livros, tem 36 artigos publicados em periódicos e mais de 20 coletâneas sobre diversos temas da comunicação. Hoje, é referencial nos cursos de comunicação, principalmente em relações públicas. "Você entra no primeiro ano de faculdade e já começa a escutar o nome da Margarida em livros, referências. Todo mundo fala dela", diz Marina Gerardi, aluna de relações públicas da Faculdade Cásper Líbero.

Visão integrada da comunicação

A produção científica de Margarida é expressiva na área da comunicação. São oito pesquisas concluídas e uma em andamento. "Os Caminhos para Construção e Identidade de um Corpus Teórico de Comunicação Organizacional no Brasil" teve seu início em março de 2004. Com término previsto para 2007, seu objetivo é buscar possíveis contribuições para o avanço dos estudos sobre o assunto e também para a construção de uma teoria da comunicação organizacional no Brasil.

"Nós temos vários autores com livros publicados, muitas teses, mas ainda não há um conceito bem sistematizado, assimilado não só pela comunidade acadêmica como também pelo mercado. Há um potencial próprio brasileiro que precisa ser mais bem cultivado", explica.

Para concretizar o desafio de formatar um *corpus* teórico, pesquisadores estão registrando, de forma analítica, todas as teses de doutorado e livros sobre o tema. Para a divulgação e o fomento de debates sobre as produções científicas em nível internacional, a realização de um congresso também faz parte do cronograma.

O projeto conta com um núcleo de pesquisas em comunicação organizacional. Nele, estudantes da graduação, pós-graduação e professores da USP e de outras universidades formam um grupo de estudos e debatem o tema "sob diversos ângulos". Entre eles, a avaliação e a mensuração de resultados dentro de uma empresa, influência da tecnologia na troca de informações da corporação, como internet e intranet, e comunicação pública no terceiro setor.

A investigação de Margarida abrange também a produção de uma coletânea com propostas teóricas e novas contribuições para tornar possível a análise da comunicação organizacional no Brasil. Embora a pesquisa tenha se iniciado em 2004, desde a década de 90 vem sendo realizado um levantamento bibliográfico sobre o assunto.

Com a existência de poucos cursos de pós-graduação em relações públicas, o projeto ampliará a qualificação profissional tanto na graduação quanto na pós-graduação. "Em termos de qualidade nós temos ótimos especialistas. Sabem fazer muito bem um jornal, revista ou intranet, mas falta formação mais abrangente, para formar um estrategista, um gestor de comunicação."

Segundo Margarida, dentro de uma instituição o papel do estrategista transcende o de um simples técnico. "Ele é um profissional gestor que tem a dimensão da organização onde atua. Além do planejamento, é voltado para a comunicação de resultados, com visão crítica do conjunto e não apenas uma pessoa que produz *releases*."

Engajada na luta pelo avanço das pesquisas em comunicação organizacional e relações públicas, outro projeto realizado pela pesquisadora, em 2004, foi a primeira revista científica do país voltada à área de relações públicas. A *Organicom – Revista Brasileira de Comunicação Organizacional e Relações Públicas* tem como objetivo principal reunir temas e fomentar o debate técnico-científico da comunicação. Com tiragem semestral de 2.000 exemplares, a revista surgiu a partir da falta de uma publicação nesse modelo com abrangência internacional. Seu conselho editorial inclui, além de brasileiros, representantes do continente americano, como Estados Unidos, México, Colômbia, e alguns da Europa.

Em paralelo, a cientista dedica-se à Alaic (Asociación Latinoamericana de Investigadores de la Comunicación), na qual ingressou em 1988, quando foi convidada a fazer parte do comitê de reconstrução. A entidade, da qual foi presidente, tem importante representação dos estudiosos de comunicação na América Latina. A pesquisadora faz parte do conselho consultivo. Também é a editora-responsável da revista da Alaic, criada por ela em 2004.

Gosto pelos desafios

Margarida é casada há 33 anos com seu maior incentivador, o filósofo, jornalista e relações-públicas Waldemar Luiz Kunsch. Natural de Santa Leopoldina, vizinha à sua Domingos Martins, seu marido, já no Espírito Santo, era amigo de seus irmãos. Mas eles começaram a namorar somente em São Paulo.

São avós de Clara, filha da bióloga Adriana, com 30 anos no momento de nossa entrevista, e também pais da artista plástica Graziela e de Clarice, estudante do último ano de psicologia na Pontifícia Universidade Católica de São Paulo e do segundo de Pedagogia da Faculdade de Educação da USP.

Mesmo em casa, Margarida não deixa o trabalho de lado. Seus livros nas horas de descanso geralmente são os de sua profissão. Amante da música clássica, também não dispensa uma saída, mesmo breve, com amigos ou com a família.

Agraciada 15 vezes com diferentes títulos de diversas instituições, como o Prêmio Instituto Ethos, em 2003, e o Intercom, em 1997, Margarida não sofreu preconceito por ser cientista. "Eu nunca senti discriminação num ambiente universitário e das faculdades por onde passei", conta a pesquisadora de voz calma.

Embora sua história mostre uma mulher vencedora, que nunca opta por coisas fáceis e enfrenta os obstáculos com firmeza, a pesquisadora confessa que seu maior desafio foi conciliar a vida profissional e a pessoal. "Dedicava-me tanto aos estudos como ao papel de mãe. Meu marido voltava à noite, eu saía para dar aulas. As meninas eram muito pequenas."

Margarida não descansa. Com as filhas já crescidas, continua aumentando o seu invejável currículo e fazendo a diferença. A comunicação agradece.

Rosângela Itri

O mundo cor de rosa da física

As grandes descobertas começam com perguntas desafiadoras. Por isso, o Centro Brasileiro de Pesquisas Físicas, ligado ao Ministério de Ciência e Tecnologia, lançou, em 2002, os 12 desafios da física para o século 21. Como é de se esperar, não são muito simples. Até para os mais interessados em ciência podem parecer coisas de maluco! Mas para a humanidade representam o tratamento e a cura de doenças, por exemplo. Rosângela Itri busca a resposta a um desses desafios para ajudar pacientes com câncer: "O que é possível construir manipulando átomos individualmente?".

Descobertas científicas rendem anos de pesquisas, muitas vezes com respostas prorrogáveis para o outro século. Não à toa, Rosângela passa pelo menos 12 horas por dia na USP, trabalhando com a manipulação de átomos. Em 2005, mais do que nunca, por ter sido o Ano Mundial da Física. A indicação partiu da Unesco (Organização das Nações Unidas para a Educação, a Ciência e a Cultura), em comemoração aos cem anos da descoberta da teoria da relatividade pelo cientista Albert Einstein, marco da transição da física clássica para a moderna. Um dos principais objetivos da comemoração foi chamar a atenção, especialmente dos jovens, para a importância e o impacto da física no mundo contemporâneo.

Aos 26 anos, Einstein dividia seu tempo entre a filha recém-nascida e o trabalho como examinador de patentes, em Berna, na Suíça. No dia 19 de maio de 1905, publicou um dos artigos que revolucionariam a física: a teoria da relatividade. Nela, o cientista explicou que toda medição do espaço e tempo é subjetiva.

Por exemplo: 1. O carro se move em relação à estrada; 2. A estrada se move em relação ao carro. No primeiro caso, o corpo de referência é a estrada e no segundo, a referência é o carro. Uma das conseqüências mais importantes da teoria da relatividade foi uma nova dinâmica, na qual a massa dos corpos já não era mais constante e sim uma função da velocidade.

Cientista romântica

Curiosidade. Isto levou Rosângela a se tornar uma cientista. O gosto pela matemática e física na escola também a ajudou na escolha da profissão. Mas, principalmente, sua vontade de saber de onde surgiam as coisas e como elas evoluíam fez de Rosângela a primeira física da família italiana Itri.

— Seus pais lhe deram apoio quando decidiu seguir essa carreira?

— Senti bastante preconceito do meu pai ao escolher minha profissão. Ele falava que eu iria morrer de fome [risos].

— E sua mãe?

— Sempre me apoiou incondicionalmente. O que eu quisesse fazer, ela estava do meu lado.

Com 17 anos, Rosângela começou a cursar física na PUC de São Paulo (Pontifícia Universidade Católica). Conciliava os estudos com o trabalho de escrevente de cartório no Tribunal de Justiça do Estado de São Paulo. Na mesma época, sua irmã Maria Amélia, com 18 anos, entrou em odontologia na Universidade de Mogi das Cruzes. O pai, Vincenzo, via uma perspectiva melhor para o futuro de Maria. "Assim que ela acabou a faculdade, começou a trabalhar. Eu ainda fui fazer mestrado, doutorado, viver de bolsa de estudos. Meu pai foi ficando cada vez mais assustado."

Do mestrado ao pós-doutorado trabalhou com a cristalografia, área da física que determina a estrutura de materiais líquidos e sólidos, e com novos materiais. "Cada dia avançamos um pouquinho. Principalmente agora que saímos das microestruturas [cristalografia] e fomos para as nanoestruturas. Hoje vivemos o mundo do nano."

Entre 1989 e 2002, fez diversos estágios de pesquisa, cerca de dois meses cada. Foi quatro vezes ao Instituto de Física da Universidade de Ancona, na Itália. Na França, estagiou na Universidade Louis Pasteur, em Strasbourg, e nos Estados Unidos no Instituto de Tecnologia de Massachussets. "Gostei muito de trabalhar na França e na Itália, mas foi preciso me habituar. Percebi o quanto nós brasileiros vivemos o estilo de vida dos americanos. Supermercados e farmácias 24 horas por todos os lugares. Na Europa isso não existe. Se eu não programasse o meu horário, ficava sem pão e sem leite", relembra.

Depois de dois anos contratada pela USP, Rosângela foi fazer pós-doutorado na Universidade do Estado de Ohio, nos Estados Unidos, do final de 1995 até o início de 1997. "Fui a última professora contratada a sair para um pós-doutorado fora do país, financiada pelo Instituto de Física. Hoje os professores já são bastante especializados antes de serem contratados." A cientista escolheu os EUA para treinar o inglês, na época não muito bom. "Tinha uma certa resistência contra o país. Vim de uma geração antiamericana, mas acabei gostando da experiência." Morou um ano e meio na pequena cidade de Columbus, no Meio-Oeste americano. "Passei muito frio lá, mas percebi que tudo funciona muito bem. Pode-se resolver as pendências por telefone e os pagamentos são todos por cartão de crédito."

— Foi fácil fazer amizades?

— Não. Com os americanos foi muito difícil. Meus amigos eram estrangeiros. Fiz amizade com uma russa, uma chinesa e dois indianos. Eles trabalhavam comigo no laboratório. De alguma maneira estávamos sozinhos em um país diferente, e ficando juntos nos sentíamos menos solitários.

Vendo a filha conhecer o mundo por meio da física, Vincenzo reconheceu. "Hoje ele se orgulha muito de mim. Todo aquele preconceito inicial era pura preocupação." Rosângela tornou-se vice-diretora de ensino, pesquisadora e professora livre-docente do Instituto de Física da USP. E ainda reserva tempo para apreciar filmes, músicas e livros, principalmente os românticos. A cientista mostra aos poucos sua sensibilidade. Relembra, durante nosso encontro, o livro mais marcante que leu até o momento, *O Amor nos Tempos do Cólera*, de Gabriel García Márquez. Ensaia, esboça as frases e lembra do trecho em que os protagonistas ficam juntos, 50 anos depois do primeiro encontro:

> *"...ele estendeu os dedos gelados na escuridão, buscou tateante a outra mão na escuridão, e a encontrou à espera. Ambos foram bastante lúcidos para perceber, num mesmo instante fugaz, que nenhuma das duas era a mão que tinham imaginado antes de se tocar, e sim duas mãos de ossos velhos (...) Então ele a olhou, viu-a nua até a cintura, tal como a imaginara. Tinha os ombros enrugados, os seios caídos e as costelas forradas de um pelame pálido e frio como o de uma rã. Ela tapou o peito com a blusa que acabava de tirar, e apagou a luz. Ele então se refez e começou a se despir na escuridão, jogando nela cada peça de roupa que tirava e que ela devolvia morta de rir. Permaneceram deitados de costas um longo tempo, ele mais e mais aturdido à medida que o abandonava à embriaguez, e ela tranqüila, quase bucólica, mas rogando a Deus que não a deixasse rir sem razão, como sempre que exagerava um pouco mais com o anis. Conversaram para entreter o tempo. Falaram de si mesmos. De suas vidas diferentes, do acaso inverossímil de estarem nus no camarote escuro de um navio encalhado, quando o justo era pensar que já não tinham tempo senão para esperar a morte. Ela jamais ouvira dizer que ele tivesse tido uma mulher, uma que fosse, numa cidade em que tudo se sabia até mesmo antes de acontecer. Disse isso de um modo casual, e ele respondeu de pronto sem o mais leve tremor na voz:*
>
> *— É que me conservei virgem para você".*

Com a mesma delicadeza com que conta a história de amor de Florentino Ariza e Fermina Daza, Rosângela explica a manipulação de átomos e a busca de novos materiais.

A física é uma pessoa meiga. Essa é a impressão depois de conhecê-la. Além de Gabriel García Márquez, gosta de ler Rosamunde Pilcher, autora de *Os catadores de concha*, e Fernando Pessoa. Para ouvir, Ana Carolina e Caetano Veloso. "Gosto de MPB", completa a cientista. Em nosso segundo encontro, vestia jeans, blusa e sapatos rosa, brincos e corrente de pérolas, num estilo bem romântico, em sintonia com o seu jeito de ser.

Anões do futuro

Na avaliação de Carlos Vogt, presidente da Fapesp, em editorial da *Revista Com Ciência*, em 2002, o mundo nano é uma grande transformação na ciência.

> *"Esse admirável nano-mundo-novo está apenas se desenhando. Aqui, como em outras grandes transformações científicas e tecnológicas, o sentimento é de medo e de esperança: medo pelo apocalíptico que a possibilidade de manipulação do átomo para fins industriais possa trazer à natureza e à vida no planeta; esperança pelas conseqüências positivas que esse conhecimento de fronteira possa gerar para a qualidade da vida em sociedade e pela qualidade de suas relações com o meio ambiente. Em um e em outro caso, a curiosidade pelo novo e a afirmação dos mitos de rompimento na eterna busca da decifração do mistério da vida."*

A nanotecnologia é uma área da ciência. Hoje chamada de nanociência. "Nano", palavra de origem grega, quer dizer anão. Um nanômetro equivale a um milionésimo de milímetro. É a distância entre os átomos dentro de uma molécula. Para imaginar essa medida tão pequena, devemos empilhar 400 mil átomos, um em cima do outro, apenas para atingir a espessura de um fio de cabelo.

Manipulando átomos, conjuntos de átomos e moléculas, criam-se substâncias com características quase mágicas. A nanotecnologia está presente em diversos e inimagináveis segmentos. Não conseguimos ver, mas produtos nanoscópicos estão se espalhando pelo mundo e revolucionando nosso dia-a-dia. Carros com pinturas antiarranhões, embalagens que conservam por mais tempo os alimentos, roupas que mesmo na chuva não ficam molhadas, cosméticos com microesferas que liberam a droga para o rejuvenescimento. Uma infinidade de descobertas somente possível pela manipulação das nanoestruturas.

Na área médica, avanços importantes ocorrem a cada dia. Pesquisadores japoneses estão usando as nanoesferas para produzir uma vacina contra a Aids. No Brasil, o desenvolvimento de um novo fármaco contra a tuberculose promete diminuir pela metade o tempo de tratamento da doença. Em São Paulo, um grupo de 20 pesquisadores dos Institutos de Química e Física da USP e da Faculdade de Medicina do ABC desenvolve um projeto multidisciplinar e temático, apoiado pela Fapesp, sobre a terapia fotodinâmica. A pesquisa, orçada em R$ 500 mil e com vice-coordenadoria da física Rosângela Itri, utiliza a nanotecnologia.

Terapia revolucionária

Segundo o Centro de Tratamento e Pesquisa do Hospital do Câncer de São Paulo, cerca de 4 milhões de mortes por ano no mundo estão relacionadas ao câncer. Nos países desenvolvidos, é a segunda maior causa de morte, perdendo apenas para as doenças do coração. No Brasil, ocupa o terceiro lugar, ficando atrás das doenças cardiovasculares e das mortes não-naturais.

A terapia fotodinâmica é uma alternativa aos tratamentos de câncer já conhecidos: cirurgia, quimioterapia e radioterapia. Utiliza-se a ação combinada de irradiação com luz visível e drogas fotoativas para destruir células danificadas. “Além do câncer de pele, pode-se tratar o de esôfago, traquéia e em partes internas do corpo.”

— A terapia fotodinâmica é recente?

— Sim. Porém, se você olhar para a parte histórica, notará que já se fazia essa terapia desde a época dos egípcios. Quando eles tinham algum tipo de doença de pele, usavam, por exemplo, o azul de metileno, aquela violeta genciana [planta medicinal] que se põe no pé quando está coçando. Essa violeta é uma molécula fotoativa. Eles percebiam que, colocando essa substância e se expondo ao sol, a doença melhorava, mas eles não estudaram o porquê disso.

Em sua sala, com uma vista privilegiada da natureza do campus, a física explica que, apesar de o princípio existir há muito tempo, só está sendo estudado há mais ou menos 15 anos, principalmente com o desenvolvimento do laser e suas aplicações na medicina. A terapia fotodinâmica lida basicamente com células danificadas. “Não serve somente para tratar o câncer, mas também para a psoríase e a doença de vitiligo.”

A psoríase é uma doença de pele bastante comum. Atinge 190 milhões de pessoas em todo o mundo, ou seja, de 1% a 3% da população. É hereditária, de fundo emocional, e acontece em conseqüência de um erro de programação genética da pessoa. Lesões vermelhas e descamativas aparecem freqüentemente nos joelhos, cotovelos e nádegas, provocando coceiras, dor e incômodo. Existe apenas a possibilidade de remissão da psoríase, uma doença crônica e sem cura.

O vitiligo é caracterizado pela despigmentação da pele, formando manchas por todo o corpo. Ocorre em cerca de 1% da população mundial e sua evolução é imprevisível. Em 30% dos casos há ocorrência familiar e costuma aparecer depois de traumas com fundo emocional ou queimaduras solares.

— Qual é o princípio da terapia fotodinâmica?

— No momento em que você irradia as moléculas fotoativas com o laser, elas absorvem a energia e passam do estado fundamental para o excitado. Mas essas moléculas de tamanho nano não gostam de ficar nesse estado, e transferem a energia para os elétrons que estão por perto. Os elétrons interagem com o oxigênio, que fica com uma carga a mais e torna-se altamente reativo, danificando o meio em que está. Ainda se estuda o porquê, mas esses oxigênios reativos têm preferência pelas células tumorais.

Existem duas formas de matar a célula tumoral. "Há a necrose, que mata de uma só vez a célula danificada, mas como efeito colateral provoca inflamação na região. A segunda e melhor alternativa é a apoptose, uma espécie de morte programada. A célula vai diminuindo até morrer. Estudamos qual é a melhor molécula fotoativa, que interaja com o laser nos diferentes tipos de câncer, para favorecer a apoptose."

Luz, moléculas... Ação!

Apoptose ou morte programada. Parece nome de filme, capaz de impressionar. No entanto certamente as possibilidades de cura são um estímulo para os doentes não se importarem com a nomenclatura. O empenho da cientista nas pesquisas é evitar os tratamentos mais usados atualmente, como a quimioterapia e a radioterapia, devido a seus efeitos colaterais.

Ao tomar o quimioterápico o paciente pode sofrer queda de cabelo, ânsia de vômito e mal-estar. "Os remédios são fortes e acabam atacando outros órgãos não afetados pelo câncer ou desencadeando reações hormonais", analisa a cientista de voz suave.

Na terapia fotodinâmica, a molécula fotoativa é liberada sem danificar o organismo. Não há efeitos colaterais. Com a administração de moléculas sensíveis à luz é fundamental evitar a exposição ao sol por pelo menos três dias após a irradiação, prevenindo a produção de melanina ou algum tipo de inflamação na célula. "É muito melhor evitar se expor ao sol por alguns dias do que tomar quimioterápicos", defende Rosângela.

A radioterapia é feita com raios X. Para ter certeza da eficácia, coloca-se uma margem de segurança muito grande. "Um bom exemplo é o câncer de mama. Mesmo que o tumor seja pequeno, irradia-se praticamente toda a mama. Dessa forma, não só as células tumorais morrem, mas também as saudáveis. O problema é que elas não se regeneram", explica. "Na terapia fotodinâmica isso não acontece, porque é muito localizada. Sabendo-se onde o tumor está, a molécula fotoativa é colocada exatamente no local afetado para ser irradiada pelo laser."

O grupo, liderado pelo professor Maurício Batista, do Instituto de Química da USP, começou pesquisar essa terapia em 2000. "Ainda estamos na parte básica, tentando entender os mecanismos: como o oxigênio radioativo interage com as células, o que ele faz, como danifica a membrana celular tumoral, como a luz interage com o tecido. Precisamos responder a todas essas questões para descobrir a dosimetria ideal para cada caso. Tanto da molécula fotoativa, quanto do feixe de laser. Até agora, nenhum país tem esse conhecimento", afirma.

A cientista acredita que em três anos os resultados começarão a ser ainda mais "interessantes". Qual é a molécula fotoativa mais adequada para cada tipo de câncer? Qual a quantidade ideal de luz e a melhor freqüência de irradiação? As respostas trarão uma alternativa menos agressiva para o tratamento e cura da doença.

Entretanto, ainda existe resistência na medicina em relação à terapia. "Os médicos querem operar o câncer. Por isso, a terapia ainda não está muito difundida. Claro que muita coisa ainda é experimental. Os fármacos usados nas moléculas fotoativas são soluções importadas do Canadá ou Estados Unidos, portanto não é um tratamento barato. Mas já temos no Brasil grupos que estudam síntese de novos fármacos para as moléculas. Isso vai baratear a terapia."

As aplicações também estão evoluindo. "Algumas equipes, lideradas pelo Hospital do Câncer de Jaú, estão aplicando a terapia fotodinâmica. Temos um grupo em caráter experimental tratando câncer de pulmão e traquéia. Outra equipe, do Instituto de Física da USP em São Carlos, chefiada pelo físico Vanderlei Bagnato, cuida do câncer bucal."

Longe dos estereótipos

À primeira vista não se imagina que essa cientista, nascida em São Paulo no dia 18 de agosto de 1961, de rosto arredondado, cabelos um pouco acima dos ombros e olhos castanhos, seja uma dançarina. E de forró! "É uma das coisas que eu mais amo fazer." Rosângela faz curso de dança uma vez por semana, no Instituto de Física da USP. Também gosta de caminhar na universidade, duas vezes por semana, de manhã ou no final da tarde. O tênis e a roupa de ginástica ficam sempre no carro. "Costumo andar sozinha ou com dois alunos meus que também gostam. É o que me relaxa. Na praia, então, adoro andar no calçadão de Santos."

A família tem um apartamento na praia José Menino, na Baixada Santista. Sempre que pode, a física vai para lá. Nas férias, nem se fala. "Gosto de ficar de bermuda e chinelo, sem frescuras. Vou ao cinema, freqüento o calçadão e leio bastante." Apesar de relaxar, o trabalho parece ser um vício. "Vida de docente é muito corrida. Correção de provas, relatórios, leitura de artigos e elaboração de aulas. Se você não se condicionar, acaba não fazendo mais nada a não ser se dedicar ao trabalho. Mas é difícil resistir. Preciso me policiar para não trabalhar o tempo todo."

Não só na física Rosângela se destaca. Na espiritualidade também. Quando imaginamos os cientistas, pensamos nos céticos, que em nada acreditam a não ser que a ciência comprove. Mas não é bem assim. Rosângela é católica desde pequena. Freqüentava as missas e o grupo de jovens na adolescência. Hoje, gosta de rezar sozinha. "Tenho uma fé muito grande. Gosto de ir à igreja quando está vazia. Fico meia hora, quarenta minutos. Se deixar, fico uma hora! Minha mãe brinca comigo, diz que nunca viu alguém assim como eu. Sou a mais religiosa da família."

— Com que freqüência vai à igreja?

— Pelo menos uma vez por semana. Quando estou perto de casa vou à Nossa Senhora dos Pobres. Se estou próxima à casa da minha mãe, vou à Nossa Senhora do Bom Parto. Me dá uma paz enorme. É como se fosse uma conversa particular minha e dEle.

Sua família mora no Tatuapé. Rosângela viveu lá até se casar. Depois, mudou-se para o Butantã, na Vila Indiana, próxima à USP. Acabou se separando do marido e, como não tem filhos, continua morando sozinha em um apartamento no mesmo bairro, pertinho da universidade. Fica muito tempo fora e, por isso, não tem animais de estimação. "Queria muito ter um bichinho em casa, mas acho que maltrata o animal deixá-lo o dia inteiro sozinho." Quando visita os pais, nos fins de semana, aproveita para se divertir com sua cachorrinha Lili. "Adoro brincar com minha vira-lata. Cuido bastante dela."

As mulheres da cientista

Três mulheres são referências na vida de Rosângela. No lado espiritual, sua avó Amélia Monteiro de Souza. Na vida, sua mãe, Wilma. Na física, a orientadora Lia Queiroz do Amaral.

Amélia sempre foi muito religiosa. Passava o tempo todo rezando o terço. "Quando penso na minha avó, sinto uma força muito grande. Não sei explicar. É uma emoção interna." A avó sofria de atrofia dos nervos das mãos e dos pés. Morreu aos 63 anos, em 1969, de câncer no fígado. Na época, Rosângela tinha apenas oito anos.

Wilma apoiou Rosângela em todos os momentos. "Em tudo o que eu quis fazer, minha mãe estava do meu lado."

Em tom de agradecimento, a cientista fala da terceira mulher de sua vida. Lia Queiroz do Amaral lutou pela contratação de Rosângela no Instituto de Física. "Ela me ensinou muito. A pensar, raciocinar e agir profissionalmente. Acreditou em mim e me abriu portas. Se sou o que sou hoje, devo muito a ela." Lia foi a primeira professora titular do Instituto de Física, em 1990. Antes dela, apenas homens ocupavam o cargo. Atualmente, está aposentada e dá aulas de história do pensamento científico para a terceira idade. "Fico muito feliz por ela."

O mundo da física sempre foi muito masculino. Hoje não. "Aqui no Instituto somos meio a meio."

— Sofreu preconceito ao longo de sua carreira por ser mulher?

— Aqui no Brasil nunca. Na Europa, como há poucas pesquisadoras, percebi uma discriminação inicial. Era jovem, mulher e vinda do Terceiro Mundo. No início eles cobravam o tempo todo, me analisavam, mas conforme fui mostrando competência, eles foram confiando. Uma mulher pesquisando na área de física não era muito comum lá.

Física em tempo integral

O Instituto de Física existe desde 1970. Quando a USP ainda ficava no prédio no centro da cidade, era Departamento de Física e Química, com a Faculdade de Filosofia e Letras. "Quando vieram aqui para o Butantã, numa área doada pelo fazendeiro Sales de Oliveira para a criação da universidade, a física tinha apenas um prédio." Hoje são 12, com 157 professores docentes, seis departamentos e várias linhas de pesquisa.

No cargo de diretora de ensino desde 2003, Rosângela cuida da infraestrutura do instituto. Faz parte de seu trabalho reequipar os laboratórios e as salas de computadores, manter a videoteca em dia, promover palestras, jornadas de física, cursos de verão e de inverno etc. Como professora, dá aulas de laboratório de eletromagnetismo de manhã e à noite, duas vezes por semana. "Variamos bastante. Cada semestre, lecionamos uma disciplina diferente. Eu gosto muito da aula que estou dando agora."

— Dá tempo de fazer tudo?

— Quanto mais fazemos, mais nos desenvolvemos, e cada vez mais somos solicitados. Como diretora de ensino, tenho muitas reuniões de reitoria, faço parte do grupo de apoio pedagógico e ainda há reuniões aqui no instituto. Além de dar aulas, desenvolver pesquisas, também oriento alunos. São tantas coisas! Mas como eu gosto, sempre arranjo tempo para conciliar toda a demanda. Tenho uma vida aqui dentro da USP.

A pergunta que não quer calar

Para os curiosos, revelamos os outros 11 desafios feitos pelo Centro Brasileiro de Pesquisas Físicas para o século 21:

1. O que muda no universo se os neutrinos (partículas elementares bem leves) tiverem massa?

2. A física quântica é a teoria científica que descreve os objetos microscópicos, como átomos e sua interação com a radiação. Qualquer fenômeno microscópico é quântico. Afinal, quando o computador quântico será realidade?

3. O que é a massa das partículas elementares (pequenas partículas que formam os átomos)?

4. É possível unificar em uma só teoria as quatro forças da natureza: gravidade, força nuclear fraca, força nuclear forte e eletromagnetismo?

5. Cerca de 95% do universo é escuro, ou seja, não emite radiação eletromagnética. Sabe-se da existência dessa matéria pela força gravitacional que ela exerce nos objetos. Mas onde ela está?

6. Aproximadamente 70% do universo é formado por uma força antigravitacional apelidada de energia escura. O que faz o universo se expandir de forma acelerada?

7. Como a física pode ajudar a descobrir os segredos do código genético humano, responsável por nossas características?

8. O que são e de onde vêm os zévatrons (raios cósmicos ultra-energéticos)?

9. Como e onde se formaram os elementos químicos mais pesados que o ferro, como urânio e plutônio?

10. É possível recriar em laboratório as condições dos primeiros instantes do universo?

11. Será possível confirmar as previsões de Einstein sobre ondas gravitacionais, provocadas pela variação do campo gravitacional de um objeto?

Maria Beatriz Puzzi

À flor da pele

"Mas é preciso ter força
É preciso ter raça
É preciso ter gana sempre
Quem traz no corpo a marca
Maria, Maria
Mistura a dor e a alegria
Mas é preciso ter manha
É preciso ter graça
É preciso ter sonho sempre
Quem traz na pele essa marca
Possui a estranha mania
De ter fé na vida"

(*Maria, Maria*. Composição: Milton Nascimento, Fernando Brant. Interpretação: Elis Regina)

Uma pesquisa inédita no mundo. Por trás dela, uma grande cientista de 1,50 m. Nascida em Limeira, interior de São Paulo, ganha notoriedade no campo da dermatologia em âmbito mundial. Maria Beatriz Puzzi tem gana, tem graça e tem raça. Atua na Unicamp e estuda culturas de células – a multiplicação a partir de uma amostra. Depois de cinco anos de estudos, sua grande descoberta foi reproduzir pele humana *in vitro*. "Esse é um grande passo para enxertos em pacientes queimados em grandes áreas do corpo, pessoas com úlceras ou que sofreram acidente com trauma", esclarece.

A pele é o maior órgão do ser humano e corresponde a cerca de 16% da massa corporal. É dividida em epiderme (camada externa), derme (composta por colágeno, que dá sustentação) e hipoderme (camada gordurosa). Deu para lembrar dos tempos de escola?

"Todos conseguem fazer as culturas de derme e hipoderme, mas ninguém conseguiu juntá-las em uma pele só", ensina José Augusto Mannis, namorado da doutora há mais de dois anos. Não, ele não é cientista, é músico. Mesmo assim, sempre que possível visita o Laboratório de Cultura de Células da Pele, equipado pela dermatologista com apoio da Fapesp, e sabe como muitas coisas funcionam. Algumas vezes, a chefe do local, Jussara Rehder, ajuda a satisfazer algumas de suas curiosidades.

— Por que muitos cientistas geralmente usam três canetas no bolso? - pergunta Mannis.

— Uma é normal, a outra serve para marcar os tubos e não sai. A terceira dá pra apagar com álcool - ensina Jussara.

Questão de pele

O estudo começou com cultura de células de pele, objetivando a obtenção de material para teste de medicamentos e protetores solares. Mas foi além, e resultou em uma esperança para médicos e pacientes.

Com tecidos oriundos de cirurgias plásticas, a equipe de Beatriz separou a epiderme e a derme de um "pedacinho de pele" e descartou a hipoderme. Em seguida, realizou a cultura primária de células de melanócitos e queratinócitos (presentes na epiderme) e de fibroblastos (células da derme).

As culturas de fibroblastos foram cultivadas em colágeno bovino estéril (substância utilizada pela indústria de cosméticos para a renovação de células). Passados alguns dias, esse colágeno praticamente desapareceu, mas os fibroblastos cresceram e começaram a produzir colágeno humano.

Esse processo, realizado muitas vezes pela equipe de Beatriz, dura cerca de um mês. Depois disso, a pele ainda é fina, mas, ao ser aplicada, desenvolve-se e ganha resistência. Por isso, não é necessário que seja reproduzida no tamanho da região afetada.

Apesar de o estudo ter sido concluído e publicado, a dermatologista ainda não descansou. Como não há recursos disponíveis para dar continuidade ao trabalho e realizar testes em humanos, busca verba de laboratórios e instituições públicas e privadas ou agências de fomento. "O primeiro lugar onde começaríamos a aplicar é no Centro de Referência em Assistência a Queimados Irmandade da Santa Casa de Misericórdia de Limeira." Devido a essa situação, ainda não se sabe qual será o resultado final do enxerto, se restarão cicatrizes. "De qualquer forma, a recomendação é que a pele desenvolvida seja proveniente da cultura de células do mesmo paciente que receberá o enxerto, evitando a rejeição."

Aos 55 anos (na época de nossa entrevista), "doutora Bia", como é chamada pelos integrantes da equipe que colaboram com o estudo, sabe que precisa ser persistente para conseguir o que deseja. Em 2004, apresentou o projeto no Congresso Mundial de Banco de Tecidos, mas as pessoas não deram a devida importância. "Ninguém prestou atenção, porque o que dá dinheiro é a área cosmética – plásticas revolucionárias, botox...", lamenta. Finalmente, um ano depois, na edição seguinte do congresso, conseguiu mostrar a relevância de seu estudo e convenceu – conquistou o segundo lugar no prêmio de inovação. Mais de 300 especialistas de 25 países apresentaram trabalhos.

A pele desenvolvida por Beatriz é diferente de um estudo desenvolvido por outra cientista de destaque: Marisa Roma Herson, cirurgiã plástica do Hospital das Clínicas de São Paulo. O foco de Marisa é a pele artificial, para beneficiar vítimas de queimaduras e feridas crônicas, acelerando a cicatrização.

Mulher, profissional e mãe

Apreciadora de MPB, especialmente de Chico Buarque – o homem que entende as mulheres –, e Elis Regina, Bia não menciona nenhum obstáculo pelo fato de ser do sexo feminino. "A dificuldade é fazer muitas coisas ao mesmo tempo: a casa, os estudos, as aulas. Tenho dois filhos. Ana tem 26 anos e o Tiago, 28 (no momento da entrevista). Você fica com um pouco de culpa, quando não dá o máximo de atenção." Apesar do sentimento, Beatriz conseguiu se dedicar o suficiente para seu sucesso profissional. Quanto aos filhos, ela percebe que "no fim, eles gostam de ter uma mãe que trabalha e mostra coisas novas".

Quando eram pequenos, Beatriz cozinhava nos fins de semana e congelava a comida. "Era difícil para mim. Você precisa de uma estrutura." Durante o tempo que passou na França, onde fez mestrado, entre 1975 e 77, e pós-doutorado, de 1995 a 96, ela tinha algumas facilidades para se dedicar à pesquisa. O país é mais preparado para que os pais possam trabalhar. Seu doutorado foi obtido na Unicamp, em 1983.

— Depois de estudar no exterior e conhecer muitas pessoas, quem você admira?

— A Jussara. Sem ela eu não conseguiria fazer nada. Também tenho uma amiga docente e dermatologista chamada Maria José Soares de Salles, que me ajuda muito.

— E na área da ciência?

— Einstein. Acredito que ele era uma pessoa que buscava a Deus.

"A experiência cósmica religiosa é a mais forte e a mais nobre fonte de pesquisa científica. Minha religião consiste em humilde admiração do espírito superior e ilimitado que se revela nos menores detalhes que podemos perceber em nossos espíritos frágeis e incertos. Essa convicção, profundamente emocional na presença de um poder racionalmente superior, que se revela no incompreensível universo, é a idéia que faço de Deus."

(Albert Einstein. Trecho extraído do livro *As Mais Belas Orações de Todos os Tempos*, de Frei Raimundo Cintra e Rose Marie Muraro. Ed. Pensamento)

Ao lembrar-se do cientista, a dermatologista mostra o seu lado religioso. Para manter o equilíbrio e saber lidar com algumas situações graves, Bia é uma pessoa espiritualista e parece estar sempre de bem com a vida. Pratica meditação há mais de oito anos, duas vezes por dia. "Li um clássico da literatura religiosa chamado *Autobiografia de um Iogue*, de Paramahansa Yogananda. Achei muito interessante e, por causa dele, comecei a meditar." Ela também recebe apoio de uma terapeuta, o que considera fundamental.

Rotina agitada

Beatriz é carinhosa e bastante calma, apesar da agenda sempre lotada. Dedica algumas manhãs às pesquisas no laboratório que coordena. Nele, trabalha junto com Jussara. "Antes de a pesquisa começar, já a conhecia de nome. Quando veio para cá, ficamos muito amigas", diz Jussara. "Até fazemos aniversário no mesmo dia!".

À tarde, ela dá aulas de dermatologia no curso de medicina. A cientista também coordena um grupo de estagiários e residentes no HC (Hospital das Clínicas) da Unicamp, onde também atende ao público. Em uma dessas consultas, em 2000, ela conheceu José Augusto Mannis, oito anos mais novo, também professor da universidade.

— O que você considera uma qualidade na Bia? — perguntamos a ele.

— Posso falar de sua espiritualidade e sinceridade. Além disso, ela é extremamente organizada e eu sou caótico!

— Aproveite agora que ela não está nos ouvindo e nos conte algum defeito...

— É difícil achar algum...

E Jussara intervém, sempre sorrindo:

— Sabe o que acontece? É que ele está apaixonado e só consegue ver qualidades.

Bia gosta de cinema. É aonde procura ir nas horas vagas – à noite, ou aos sábados e domingos. A médica também costumava caminhar. "Andava muito, uns 30 km. Junto com um grupo de amigos, ia até Souzas, passando por dentro de fazendas. Era muito gostoso." A falta de tempo a fez parar com a atividade.

Nessa mesma época, sua filha Ana sofreu um grave acidente de carro, marcando-a muito. A jovem recuperou-se completamente.

Pacientes mirins

Grande parte dos casos atendidos por Beatriz são crianças. Ela acompanha algumas delas desde o nascimento. A maioria, de baixa renda. Reclamações de remédios de custo elevado são freqüentes, mas sempre há uma saída. Mães preocupadas encontram na "doutora Bia" uma esperança para o alívio da doença de seus filhos ou alternativas mais econômicas de tratamento.

Atrás de cada porta no corredor da dermatopediatria do HC alguém espera ser atendido. Depois do diagnóstico inicial, a cientista e seus alunos entram para examinar o paciente. Ela atende a uma garota com vitiligo (doença caracterizada pelo aparecimento de manchas brancas na pele resultantes da ausência de melanina – proteína responsável pela pigmentação). A região em torno da boca e suas pernas estão bastante prejudicadas. A mãe começa a chorar. Está desempregada e perdeu seu marido, pai da criança, há pouco tempo. Tira de sua bolsa um papel amassado, com receitas de um livro evangélico, mas não acredita que possam funcionar. "Estou tentando de tudo. Não pude continuar comprando os remédios porque não tenho mais dinheiro." Com voz mansa, "doutora Bia" tenta acalmar a mãe, fala que as receitas podem ajudar e prescreve um remédio mais acessível. A mãe agradece e sai da sala. Beatriz já está pronta para a próxima consulta. Situações semelhantes são comuns em suas tardes.

— Em casos como este ou mais graves, como você lida com o emocional do paciente?

— É superdifícil. Sempre tento passar alguma coisa positiva.

O vitiligo atinge cerca de 1% da população mundial, é genético e se desencadeia pelo fator emocional. Beatriz tem grande conhecimento da doença e já desenvolveu pesquisas nessa área sobre transplantes de melanócitos (células que pigmentam a pele) na região afetada e transtornos psicológicos. "Avaliamos ansiedade, depressão e fobia social." Ela também equipou o ambulatório para o tratamento da doença na Unicamp.

A voz do coração

Entre a correria de um compromisso e outro, Beatriz mostra que para o amor não há hora nem local. Não há por que escondê-lo. Desfazendo mitos, num gesto simples, ela ensina que é uma mulher comum.

De avental branco, nos corredores do HC, a cientista despede-se de Mannis com um beijo carinhoso. E segue com o coração aberto para atender aos pacientes.

Fotos do arquivo pessoal de José Augusto Mannis

Amigos, alunos e colegas de profissão acompanham Beatriz na festa de homenagem da Câmara Municipal de Campinas aos médicos da cidade: Jussara (5ª da esq. para a dir.) ao lado da cientista, Mannis e Ana

Jussara, amiga e cientista, é o braço direito de Beatriz

Ana é a filha mais nova da cientista

Lilian Maria de Castilho

Segredo da vida

O corpo humano tem cerca de 100 trilhões de células trabalhando exaustivamente para a manutenção da vida. Quando levantamos pela manhã, ou mesmo quando dormimos, nem imaginamos que haja um mundo interno lutando para manter em sintonia organismos tão complexos. Esse admirável mundo sempre desafiou o conhecimento, levando pesquisadores de várias épocas e em diversos cantos do mundo a tentar desvendar todos os seus segredos.

Em 28 de fevereiro de 1953, o cientista britânico Frances Crick desvendou "o segredo da vida", segundo ele. Aos gritos, entrou em um bar em Cambridge anunciando aos amigos a nova descoberta realizada com o colega James Watson, que ganhou notoriedade no mundo dois meses depois. Tratava-se da estrutura do ácido desoxirribonucléico. Mais conhecida pela sigla DNA, essa molécula de dupla hélice que mudou a ciência guarda dentro das células todas as informações genéticas do organismo.

A descoberta representou muitos avanços no campo científico. Alguns polêmicos, como a clonagem e os transgênicos, e outros que ainda salvarão muitas vidas. No Brasil, a cientista Lilian Maria de Castilho, do Hemocentro da Unicamp, inspirada na pesquisa de Crick e Watson, pretende construir um banco nacional de doadores de sangue por tipagem de DNA.

Semelhante a um censo demográfico, a identificação dos diferentes tipos de sangue realizada por meio de uma avançada técnica ajudará no desenvolvimento de procedimentos mais seguros para a transfusão. Além disso, o projeto mapeará geneticamente os grupos sanguíneos da população brasileira.

O novo banco possibilitará o cadastro de portadores de sangues raros e ajudará na prevenção de doenças hemolíticas em recém-nascidos, ocasionadas por incompatibilidade sanguínea entre mãe e filho, que podem causar anemia na criança e até provocar a sua morte.

Les groupes sanguines

Em 1985, Lilian matriculou-se no mestrado em microbiologia e imunologia da Unifesp (Universidade Federal de São Paulo). "Nesse meio tempo, surgiu um convite para montar a imuno-hematologia na Unicamp." Logo após o término do curso, deu início ao doutorado, em 1991, também na Unifesp.

Simpática e falante, a cientista não esconde seu amor por viagens, a trabalho ou estudos. Foi a diversos congressos internacionais e realizou o pós-doutorado em Nova York, cidade na qual se sente em casa. Lilian viajou também à França, onde, por meio de um programa de cooperação franco-brasileiro na área de transfusão de sangue, ganhou bolsa para fazer especialização no Centro Nacional de Referência para Grupos Sanguíneos. "Fiquei seis meses em Paris fazendo estágio no melhor serviço mundial de imuno-hematologia."

Ao retornar da Europa, concluiu seu doutorado e, em 1994, foi chamada para dirigir o Instituto Adolfo Lutz, em São Paulo. "Mas foi um período curto, temporário, porque o pessoal estava sem diretor lá." Quando voltou para a Unicamp, decidiu que queria trabalhar com pesquisas.

Os estudos em imuno-hematologia beneficiam milhares de brasileiros, principalmente os que dependem de transfusão de sangue para viver. Quando uma pessoa recebe sangue, um número incontável de hemácias transita de um corpo para outro. Na membrana dos glóbulos vermelhos estão os antígenos, característicos de cada grupo sanguíneo. Eles são hereditários. "A minha hemácia não é igual à sua, em um ou outro antígeno ela vai ser diferente", explica Lilian. Uma pessoa do grupo AB possui um gene A e um B, tendo herdado um do pai e outro da mãe. Ela possui nos glóbulos vermelhos os antígenos A e B, sendo o seu genótipo AB.

Existem atualmente 29 sistemas sanguíneos. Os mais conhecidos pela população são o ABO (os genes que fazem parte dele são A, B e O) e Rh (positivo ou negativo). "Se a gente for pensar em termos de antígenos, são mais de 250 grupos sanguíneos. Eles podem ter uma freqüência maior ou menor em uma população ou outra, mas estão ali presentes."

Para exemplificar a importância dos antígenos, imaginemos uma transfusão. Um portador de O-positivo recebe sangue do mesmo tipo. Nesse instante, ele também obtém outros genes do doador. O organismo do receptor nem sempre consegue identificar esses genes, ocasionando a recusa dos que não herdou. Conseqüentemente, criará anticorpos. Se o antígeno do receptor for raro na população, será difícil encontrar um doador compatível. Além disso, ao receber novamente esse sangue, será possível levar o receptor à morte, pois os anticorpos criados poderão reagir com as hemácias do paciente, causando hemólise, ou seja, fragmentação das células vermelhas.

Atualmente, quando se faz um exame, os pesquisadores identificam o tipo sanguíneo por meio de reagentes. Essa metodologia é manual e demora oito horas para mapear cerca de dois ou três genes. O método utilizado pelos bancos de sangue do país é o da fenotipagem. Esse sistema convencional determina por meio do soro o antígeno que está na hemácia. Dentre os 29 sistemas, apenas cinco podem ser identificados. Resultados mais completos, como os que Lilian busca, são dificultados pelo alto custo e pela indisponibilidade de reagentes.

A tecnologia, importada pela cientista para o estudo da imuno-hematologia, é chamada de *microarray*. Nela, utiliza-se uma lâmina com 96 chips capazes de reconhecer os genes presentes no DNA. Em cada um deles, a pesquisadora coloca a secreção ou o sangue de uma pessoa. O modelo detecta 50 genes por indivíduo em uma única reação e em quatro horas é realizado o mapeamento de 96 pessoas.

New York, New York

"Start spreading the news, I'm leaving today
I want to be a part of it – New York, New York
These vagabond shoes, are longing to stray
Right through the very heart of it – New York, New York
I want to wake up in that city, that doesn't sleep
And find I'm king of the hill – top of the heap"

(*New York, New York.* Composição: John Kander, Fred Ebb. Interpretação: Frank Sinatra)

Lilian nos recebeu em uma pequena sala localizada em um dos prédios do hemocentro da Unicamp. Meio escondida entre os papéis, livros e outros apetrechos em sua mesa e ao redor, o local parecia ser insuficiente para o que a vida da pesquisadora acumulou ao longo dos anos.

Ao lado do computador, uma pequena estante serve de apoio para as diversas canecas que coleciona. "São dos congressos a que vou. A um deles, de uma associação americana, compareço todos os anos e sempre recebo uma caneca diferente. Algumas estão em casa e eu preciso trazer para cá."

Abaixo das prateleiras, um painel de fotos. Entre elas, uma se destaca: Lilian está em frente ao Centro de Sangue de Nova York, onde realizou seu pós-doutorado entre 1998 e 1999.

Na mesma época em que lá esteve, os americanos desenvolviam uma técnica pela qual era possível, por meio do DNA, determinar mil genes de grupos sanguíneos. Durante sua estada no Centro, a cientista fez parte da equipe que implementou o sistema de mapeamento genético nos Estados Unidos.

Ao retornar ao Brasil, iniciou pesquisas em seu laboratório, na tentativa de estudar os doadores do hemocentro da Unicamp e verificar se havia diferenças nos estudos realizados na Europa e nos Estados Unidos. "Tornamo-nos pioneiros no Brasil nessa linha de pesquisa. Alguns alunos passaram a fazer mestrado e doutorado sobre o tema, e os projetos começaram a fluir."

De Campinas para o Brasil

Cerca de 2% da população brasileira é doadora de sangue. Desse total, 80% das bolsas coletadas no país são provenientes das capitais.

A demanda por doações no Brasil varia conforme o perfil epidemiológico das cidades, Estados ou regiões, e a oferta dos serviços de saúde. Nas metrópoles, onde o índice de violência é maior e são realizados procedimentos como transplantes e cirurgias complexas, a hemoterapia é mais requisitada. Nas áreas com grande população idosa, a demanda por sangue também é maior.

Mas nem sempre uma pessoa que recebeu o sangue de outra está livre de ter problemas futuros. Embora sejam pouco divulgadas, as reações transfusionais existem e podem até matar o paciente, caso não haja compatibilidade mais completa entre o doador e o receptor.

Pensando nessa dificuldade e com o desenvolvimento da biologia molecular e da genética de grupos sanguíneos, os profissionais do setor de Lilian vislumbraram a possibilidade de criar um mapeamento genético. Esse mapa possibilitaria uma compatibilidade mais exata entre doador e receptor para os pacientes que têm como terapia a transfusão de sangue. "Dentro disso, nós começamos a trabalhar para conhecer a população brasileira em relação a essa genética de grupo sanguíneo."

O projeto pretende abranger todo o território nacional. No momento de nossa entrevista, o Hemocamp possuía cerca de 500 doadores cadastrados no novo sistema e mapeados nos principais genes. Com o projeto inicial, Lilian prevê o estudo em 5.000 pessoas. Em seguida, pretende ampliá-lo para o Brasil.

Lugar de mulher é no laboratório

Nascida em Botucatu, em 1957, a cientista não aparenta a idade que tem. Seus cabelos negros e lisos destacam os olhos verdes e a sobrancelha arqueada. Seu estilo passa longe de qualquer imagem estereotipada de uma mulher cuja vida é voltada à pesquisa. A blusa amarela dá um tom de modernidade: uma manga longa e esvoaçante e a outra regata.

Enquanto subíamos alguns lances da rampa de acesso a seu laboratório, em outro prédio do hemocentro, a cientista se equilibrava esguia em um sapato amarelo de salto alto e bico fino. "Nem é preciso fazer exercícios subindo aqui todos os dias."

Amante de romances, o mais próximo que seus autores preferidos chegam ao tema "ciência" é a ficção científica. Os livros favoritos são os de Danielle Steel e Sidney Sheldon. Os filmes seguem a mesma linha. "Sou romântica. Gosto de suspense, mas prefiro esses filmes em que a gente chora. Adorei *Uma Linda Mulher* e *Ghost*."

Com sotaque característico, a pesquisadora descreve sua infância como tipicamente interiorana: andava de bicicleta, brincava com as amigas na rua e desfrutava a companhia de seus cinco irmãos.

Após concluir a faculdade de biologia em 1979, na Unesp (Universidade Estadual Paulista), já tinha seu objetivo definido. "Quando me formei, sabia que queria trabalhar em laboratório, principalmente na área de imunologia. Além disso, gostava muito de genética."

Ao terminar seus estudos, resolveu fazer especialização em análises clínicas e imuno-hematologia. "Quando cheguei ao banco de sangue, deparei com a imuno-hematologia, que juntava a imunologia com a genética. Uni o útil ao agradável e me encantei."

Durante sua passagem pelas especializações da Unesp, a pesquisadora teve aulas com o hemoterapeuta Jordão Pellegrini, com quem se casou em 1986. Ambos compartilham a paixão pela área, porém ele optou por atuar em assistência e administração médica, o que não impede o casal de realizar pesquisas junto.

"A mulher no laboratório tem mais facilidade do que o homem. O laboratório pode ser comparado com a culinária – você tem que ter algumas habilidades para desenvolver. Até o meu marido fala: 'Eu não sei como é que você consegue trabalhar com aqueles tubinhos'. Eles têm a mão grande, pegam os materiais desajeitadamente e não conseguem pipetar. Acho que a mulher tem mais jeito, é mais organizada", diz Lilian.

Uma pessoa "comum"

Durante a semana, Lilian se dedica a pesquisas no hemocentro, viagens pelo Brasil e exterior e consultorias que presta, às terças-feiras, para o Hospital Albert Einstein, em São Paulo.

Nos fins de semana, a companhia dos parentes é indispensável: "Eu sou muito família, gosto muito de estar com ela. Todo tempo que eu posso, vou até Botucatu visitá-los, ou vem alguém para cá. A gente se reúne para fazer alguma coisa ou beber algo." A cientista não abre mão de um bom vinho. "Gosto muito dos franceses, mas prefiro os italianos."

Contrariando a crença de que ciência e religião são imiscíveis, a pesquisadora é católica praticante e vai à missa aos domingos. Não é de se duvidar de sua fé, pois no câmbio de seu carro há um terço pendurado, como um pedido de proteção divina.

Como qualquer mulher vaidosa, Lilian também não deixa escapar alguns momentos, sob o sol escaldante, para realçar a pele bronzeada, na piscina do prédio onde mora, em Campinas. Apaixonada pelo marido, ela conta que, ao acordar de manhã, o café já está na mesa, sempre preparado por ele. São alguns cuidados que se deve ter para manter acesa a chama do amor, como dizia o poeta Vinicius de Moraes.

Embora não possa ter filhos, não se sente abalada. O casal tentou em 1993, mas um problema no útero a impediu de ser mãe. "Eu acho que filhos e família dá para conciliar com a vida profissional. Eu até tentei adotar, mas não deu certo e acabei desistindo." O seu senso materno se revela ao lado dos 12 sobrinhos.

O segredo do reconhecimento

O apoio do marido foi fundamental durante os estudos de Lilian. "Ele foi meu grande incentivador e sempre percebeu que eu gostava muito de pesquisa. Fiquei seis meses na França, um ano em Nova York. Ele ia me visitar quando dava."

Nem sempre a mulher tem o respaldo de sua família para seguir a carreira científica. E não é só o preconceito familiar que impõe obstáculos à vida profissional de futuras pesquisadoras. A guerra dos sexos na ciência e a inserção de profissionais de outras áreas em medicina, por exemplo, geram certo desconforto.

— Já foi discriminada ao longo de sua carreira?

— O que eu senti é que existe preconceito principalmente dos homens, na área médica, com o profissional da área não-médica. Eu tive que lutar para ter o meu espaço por ser bióloga e não por ser mulher. Mas a partir do momento que você se faz respeitar, aí não tem mais problema.

— Qual o segredo para se chegar a esse alto grau de reconhecimento, com uma boa projeção nacional e internacional?

— Isso tudo vai muito de trabalhar bastante, gostar daquilo que faz e também se atualizar: estudar, estudar, estudar...

Monica Levy Andersen

Enquanto você não dorme

"Por que dormimos? Um sono profundo pode relaxar músculos e órgãos ou manter os animais a salvo dos perigos que rondam a noite. Mas o verdadeiro segredo do sono provavelmente está no cérebro, que fica ativo enquanto roncamos."

Esta é uma das 125 perguntas ainda não respondidas pela ciência, publicada em 2005 nos 125 anos da revista científica Science. *O sono é um tema que estimula a curiosidade de pesquisadores no mundo todo.*

Estágios na Dinamarca, Noruega, Canadá, Estados Unidos. Mais de 40 artigos publicados na literatura internacional. Viagens para participação em congressos em diversos países. Mestrado sobre alterações do padrão de sono relacionadas a dor crônica, doutorado sobre privação de sono e sexualidade e pós-doutorado em andamento. Quem vê a longa experiência acadêmica e científica de Monica Levy Andersen não imagina que ela tenha apenas 32 anos (idade na época de nossa entrevista). Mas não é só esse aspecto que chama a atenção. Para quem fantasia que as cientistas são, em sua maioria, pouco vaidosas, ela prova exatamente o contrário. Perfumada, cabelos loiros bem cuidados, Monica adora fazer compras, principalmente de sapatos. Também gosta muito de ler, especialmente os livros de Jorge Amado, e escrever – sua tese de doutorado tem mais de 500 páginas.

Apesar do corpo em forma, a doutora aprecia uma boa comida, doce ou salgada. Antes de uma das entrevistas, realizada após o almoço, sua sobremesa foi uma panqueca de banana e canela com calda de laranja, duas trufas de cupuaçu e um brigadeiro com recheio de morango. O encontro foi em Botucatu, no interior do Estado, e ela já tinha garantido a sua Farofa Deusa (iguaria temperada, deliciosamente inexplicável – como ela diz –, que compra sempre quando vai à cidade). Nesse lugar ela cursou ciências biológicas na Unesp e descobriu suas grandes paixões: os ratos e o sono.

Com o apoio do professor titular de fisiologia e pesquisador Katsumasa Hoshino, Monica descobriu o seu caminho. "Meu amor pelo estudo do sono começou num sábado de manhã. Na sexta-feira anterior, o professor Hoshino disse: 'Amanhã vai ter uma aula extra e vou falar sobre o meu trabalho: o sono'. Quatro graus em Botucatu, quase ninguém compareceu e eu não parava de anotar. 'O feto sonha dentro da barriga da mãe. Gente, que fabuloso!'."

Nessa época, Monica já estagiava com o professor em um laboratório da universidade, sem muitos recursos. "Ele me despertou essa paixão pela ciência." Depois de um ano, como Hoshino iria se aposentar, perguntou se ela gostaria de voltar para São Paulo, onde os pais dela moravam, e a apresentou a Sergio Tufik, um dos principais especialistas em distúrbios do sono no Brasil e coordenador do Centro de Estudos do Sono, da Unifesp.

Em agosto de 1996, voltou para a capital e começou a trabalhar com o pesquisador. É no Instituto do Sono que ela passa os seus dias até hoje. "O Sergio é uma pessoa especial, porque sempre está do meu lado, me incentivando. É um grande cientista."

No mesmo dia em que se graduou, Monica soube que havia passado no mestrado. Seria realizado em São Paulo. Cinco dias depois, descobriu que seu projeto havia sido aprovado pela Fapesp.

Um pouco antes de defender a dissertação, participou de um congresso em Buenos Aires, onde conheceu o professor Harvey Moldofsky. A convite dele, depois de concluir o mestrado, Monica viajou para o Canadá e passou seis meses desenvolvendo projeto teórico de dor crônica.

Quando voltou, a idéia era seguir essa linha de pesquisa em seu doutorado. "Mandei a proposta para a Fapesp, mas eu estava me questionando demais sobre o que queria fazer na minha vida, pois o doutorado geralmente define a vida profissional. Resolvi voltar para o trabalho que eu tinha feito sobre privação de sono e cocaína em ratos. Enviei uma carta para a Fapesp cancelando o processo. Em menos de duas semanas, mandei o novo projeto, aceito dali a dois meses."

Durante sua carreira acadêmica, a pesquisadora sempre encontrou apoio em sua família, especialmente de sua mãe, Silvia – companheira que, em 1994, começou a lutar contra o câncer de mama. Segundo Monica, nunca desistiu de viver.

— Ela vinha para cá operar os ratos comigo, fazer alguns testes, corrigir meus projetos...

— Ela também era cientista?

— Não. Era consultora de comida escandinava em diversos restaurantes, mas suas dicas eram valiosas e seu apoio, muito importante.

Em 2002, Silvia faleceu e deixou vários ensinamentos para sua família. "Minha mãe sempre dizia que cada um deve fazer a sua parte, não importando a sua religião." A pesquisadora questiona algumas crenças. "Acredito apenas naquilo que tem comprovação científica."

Silvia escreveu um livro, em seus últimos anos, enquanto estava de cama em conseqüência da radionecrose (efeito colateral da radioterapia). "Ela ditava para a enfermeira suas memórias – como conheceu meu pai, falava sobre mim e minha irmã, amigos, comidas etc." O livro foi editado e distribuído entre amigos quatro meses depois de sua morte.

Monica vive com seu pai e sua irmã em uma casa a cerca de cinco quilômetros do Instituto do Sono. Mas já passou por diversos lugares: até os três anos, morou em Anápolis, em Goiás, até a transferência de seu pai para a Venezuela, em 1976. Um ano depois, sua irmã nasceu e eles se mudaram para a Polônia. Mais um ano se passou e eles foram para a Dinamarca, país de origem de seu pai, onde ela começou a estudar. Em 1981, a família voltou ao Brasil.

Por enquanto, não tem planos de sair de casa para se casar. "Namorar dá muito trabalho. Primeiro, encontrar uma grande pessoa e, para mim, tem que incentivar meu trabalho, porque eu não vou largar o que faço. Se eu chegar em casa com o avental cheirando a rato, tem que achar lindo [risos]!".

Dia de pesquisadora

Monica é extremamente organizada, o que dá para perceber até pelo seu estilo de vestir: roupas clássicas, sociais. Em seu escritório, o material de consulta e sua produção científica são arquivados em pastas identificadas, arrumadas lado a lado em prateleiras. No computador também é fácil achar um documento – tudo está em seu devido lugar. Até mesmo o seu dia é organizado – chega às 7h ao Instituto do Sono e reserva a parte da manhã para alguma atividade extra ou experimentação. Depois de almoçar comida japonesa – sua cozinha preferida –, escreve cartas, trechos de livros, resultados medidos na parte da manhã e corrige os projetos de suas quatro "filhas científicas", como costuma chamar as garotas que orienta no instituto. Suas pesquisas vão ao encontro das investigações de Monica, são ramificações das linhas de estudo da cientista. À noite, procura o que já foi publicado na literatura relacionado a projetos semelhantes e começa a escrever. "Tem gente que vai arquivando os resultados. Um dia percebe que tem uma gaveta cheia e não sabe o que fazer. Para que isso não aconteça, cada dado que eu obtenho coloco no computador."

O segredo de seu bom humor é se dedicar ao que realmente gosta. Por isso, se fica trabalhando até tarde, nada de estresse. Aliás, sair às 22h30 do Laboratório do Sono já é comum. "Fico aqui umas 15 horas por dia. Quando você gosta daquilo que faz, tudo vira prazer." Se precisa comparecer em algum sábado, o que quase não acontece, não há problema. Aos domingos, ela volta para alimentar e cuidar dos ratos. "Adoro vir pra cá, arrumar minha mesa, corrigir os projetos das meninas, escrever livros. Não vejo isso como uma obrigação. Eu me sinto privilegiada, porque tem gente que acaba a tese e agradece a companhia de algumas pessoas nos momentos de desânimo. Eu nunca tive isso. Adoro o que faço."

Apesar da forte dedicação, agora que seu doutorado está concluído, consegue dormir tranqüilamente. "A média de sono depende de cada um. Eu fico bem com seis horas e meia." E ainda sobra um tempinho, aos sábados, para se cuidar, ir ao shopping, passear e ver os amigos.

Mas nem sempre sua semana é regrada. Em maio de 2005, Monica passou um mês nos Estados Unidos para aprender como implantar um eletrodo na região peniana do rato, o que é importante para o seu pós-doutorado, pois a ajuda a medir a ereção mais precisamente.

Em setembro, foi à Espanha participar de um congresso sobre neurofarmacologia e drogas de abuso (substâncias que interferem no funcionamento neurológico ou psicológico do usuário, como a cocaína, o *ecstasy* e o álcool). Aproveitou e passou na Dinamarca para visitar sua família e um laboratório do sono. Também viajou para a Índia, onde organizou um simpósio sobre o comportamento sexual de ratos e sono. "Sabia que iria acontecer um congresso e enviei uma sugestão. A proposta foi aceita. Em novembro, praticamente a mesma mesa que participou do simpósio apresentou-se no Congresso Brasileiro de Sono", conta. "Adoro viajar, principalmente a trabalho. Quando participo de congressos, conheço pessoas, vejo o que os outros estão fazendo pelo mundo, o que elas acham do meu projeto. Isso é fantástico. A interação na comunidade científica é muito produtiva."

Paralelamente, a cientista está editando um livro em inglês sobre ética em modelos animais. Esse termo é empregado para identificar o que o pesquisador utiliza para representar uma realidade. Por exemplo, quando o animal é submetido a uma condição que imita a situação encontrada em humanos, permitindo que o pesquisador realize investigações, chama-se modelo animal de insônia. O livro tem a colaboração de pesquisadores da Holanda, Estados Unidos, Canadá e Brasil, e será lançado mundialmente. O projeto é publicar uma versão em português posteriormente.

Ética é um tema bastante polêmico. De um lado, as sociedades protetoras dos animais rejeitam o uso de seres vivos em pesquisas. De outro, entidades defendem uma adequada utilização. Estas buscam a conscientização de que o uso é favorável para ampliar o conhecimento científico, prevenindo doenças e desenvolvendo técnicas de tratamento.

Os experimentos realizados com bichos já foram capazes de salvar muitas vidas, por meio de descobertas como a vacina contra a poliomielite. Entretanto, com o avanço da tecnologia, os pesquisadores precisam priorizar algumas alternativas existentes para diminuir a quantidade de animais, como modelos computadorizados. Deve-se também estudar o melhor modelo a ser utilizado para possivelmente substituí-los. Um grande exemplo é o do austríaco Gregor Mendel. Ele escolheu ervilhas para sua pesquisa sobre herança genética. O modelo, mais simples do que aqueles usados pelos antecessores, permitia observar com precisão os resultados dos cruzamentos, pois a ervilha se autofecunda, gerando linhagens naturais puras. Além disso, possui características contrastantes e, portanto, fáceis de perceber.

Atualmente, muito se fala em ética. Em todo o mundo, foram criados comitês, legislações específicas e normas que visam, muitas vezes, restringir e fiscalizar o uso.

Todas essas informações estão no primeiro livro didático que Monica escreveu sobre o tema junto com outros autores. A publicação trata também da correta manipulação de ratos e camundongos e condutas de laboratório. Essa foi uma das razões pelas quais ela foi convidada a participar do curso Ciência de Animais de Laboratório, da Universidade de Utrecht, na Holanda. Anualmente, apenas um pesquisador de cada país é selecionado, e Monica foi a brasileira escolhida em 2004. Em troca, seu legado é multiplicar o conhecimento adquirido. Por isso, ela foi convidada a dar aulas sobre o assunto em faculdades de São Paulo, Minas Gerais e Bahia.

Monica está sempre buscando formas para substituir os ratos em palestras. Em vez de levar o animal vivo para demonstrações, utiliza uma rata de borracha adquirida em uma casa de mágicas. A bichinha ainda não tem nome. "Sempre peço alguma sugestão, mas ainda não conseguiram batizá-la." Se levasse um animal de verdade, sofreria no transporte e teria de ser sacrificado. Por causa dos esforços na divulgação da importância do tema, atitudes como esta são cada vez mais comuns. Em universidades, vários alunos aprendem por meio de vídeos ou softwares. Não é necessário realizar cirurgias ao vivo. Muitas vezes, ratos mecânicos e cadáveres preservados também são utilizados.

A ética na manipulação de animais também é levada a sério no instituto. "Somos questionados para reduzir o número de animais em pesquisa. Uma das formas é cruzar os animais com irmãos, para conseguir uma semelhança genética. A vantagem é que, com isso, o comportamento é similar. Se eram necessários cerca de dez animais, agora conseguimos pesquisar com um número menor."

Trabalhar com privação de sono implica utilizar uma metodologia estressante. "Porém, a pesquisa fornece evidências e amplia nosso conhecimento da fisiologia do sono e dos mecanismos envolvidos na regulação do ciclo vigília-sono."

A utilização de roedores como animais de experimentação tem mostrado resultados surpreendentes, pois se assemelham aos humanos em muitos aspectos. O tecido epitelial dos pulmões, a neurofisiologia e o sono, por exemplo, são bastante parecidos. Os ratos Wistar são os mais utilizados no mundo. Mas foi a linhagem conhecida por MRL que a professora de imunologia Ellen Heber-Katz, do centro americano de pesquisa biomédica Winstar Institute, utilizou em sua descoberta, divulgada em 2005. O animal consegue regenerar órgãos danificados. E quando as células desse rato são injetadas em um outro roedor, ele também adquire a habilidade.

Ellen percebeu que isso era possível depois de observar que os furos de identificação na orelha dos roedores se curavam. A pesquisa levanta a possibilidade, ainda distante, de os humanos poderem regenerar órgãos afetados.

História de amor

"Eu adoro ratos", conta Monica. "Faço coleção de ratos de cristal... Sempre que alguém viaja, me traz alguma lembrancinha." Quanto aos animais de verdade, a pesquisadora considera os machos dóceis. "As fêmeas são muito mais ativas... Quando estão na TPM então! Outro dia, uma me mordeu", lembra. "Fui mordida muito poucas vezes, se levar em conta o tempo que mexo com roedores – desde 94. Mas não há problemas, pois para trabalhar aqui tomamos vacinas. Além disso, eles não transmitem doenças, como acontece com as ratazanas de esgoto."

No armário de um dos laboratórios do Instituto do Sono, a foto de dois ratinhos revela uma história de amor. O romance foi observado pela cientista.

"À noite, a Penélope empurrava o bebedouro, saía pelo buraco, passava por cima das outras gaiolas e ia empurrando os outros bebedouros. Entrava na gaiola dos machos e jogava seu charme. Os ratos ficavam loucos e ela pulava fora. Quando chegávamos ao laboratório, percebíamos que os bebedouros estavam quebrados e não sabíamos o que poderia ter acontecido. Ela começou a fazer isso de dia, e só então descobrimos que a responsável era a Penélope. O Tigrão, como a gente o apelidou, foi o único rato de quem ela não fugia, e acabou 'engravidando'. Era engraçado porque de manhã lá estavam os dois na mesma gaiola. Depois disso, ninguém mais teve coragem de separá-los. Tiramos os dois da pesquisa e os deixamos morar juntos."

Pesquisas, pesquisas e... mais pesquisas

A principal linha de pesquisa de Monica, discutida em seu pós-doutorado, começou em seu doutorado (obtido em 2004, na Unifesp), quando decidiu acompanhar as conseqüências da privação de sono em ratos machos, para observar os resultados no organismo. Ao contrário do esperado, os roedores não apresentaram agressividade ou atividade locomotora intensa, mas passaram a ter ereções e ejaculações espontâneas.

Isso motivou a pesquisadora a procurar entender o mecanismo dos efeitos das chamadas drogas de abuso no desempenho sexual, pois a falta de sono afeta uma área do cérebro associada ao prazer. "A cocaína atua com a dopamina, um neurotransmissor relacionado ao comportamento sexual, e com diversas outras funções no organismo. A privação de sono potencializa a ação da dopamina em ratos machos." Uma de suas orientandas investiga a participação da dopamina no sono REM (*Rapid Eyes Movement*), também chamado de paradoxal (o sono dos sonhos).

Outra revelação que chama a atenção em sua tese é que os roedores, depois de quatro dias acordados, têm muitas ereções, mas os níveis de testosterona encontram-se baixos. "Geralmente, quando se fala em muita testosterona, tem-se a idéia de que existe um desempenho sexual melhor. Descobrimos que o hormônio não tem essa relação. Por quê? Observamos que ele diminui com a privação de sono", explica. Para surpresa de todos, a progesterona (hormônio sexual feminino responsável por preparar o útero para a gestação) estava aumentada. "Bloqueamos essa progesterona e ele parou de ter ereção."

Antes que os homens se animem e queiram deixar de dormir ou receber doses de progesterona, Monica alerta que o hormônio tem efeitos colaterais, além de o estudo ainda não estar terminado. "A pesquisa animal tem a habilidade de dar indícios para começar a aplicação em humanos. É uma evidência de que devemos estudar como a progesterona afeta o comportamento sexual masculino. Todo mundo falava da testosterona, mas há homens que apresentam um índice normal e têm disfunção erétil. Então, como está a progesterona deles?".

Em seu pós-doutorado, a cientista continua verificando os efeitos em ratos da progesterona e hormônios em geral. Para isso, implanta um sensor na barriga do rato capaz de registrar a ereção por meio da telemetria. "Trata-se de um método indicado para reduzir o número de animais, portanto é ético."

Ainda como desdobramento de sua pesquisa, uma de suas orientandas investiga o efeito da falta de sono em fêmeas. "Uma comissária de bordo, por exemplo, que fica sem dormir, tem alteração no ciclo menstrual. As ratas têm o ciclo estral, composto por fases. Descobrimos que, se há privação em uma das fases, as ratas param de ciclar." O assunto é importante para o desenvolvimento de terapias para distúrbios do sono, principalmente em relação ao controle hormonal.

Mais um viés da pesquisa é conduzido por outra aluna. O objetivo é investigar por que pessoas que sofrem de diabetes ou diabetes e hipertensão se queixam de disfunção erétil.

Os estudos não param por aí: como continuação de seu mestrado, Monica, ao lado da dentista e amiga Teresa Schutz, pesquisa os efeitos da dor crônica no padrão de sono. Uma de suas orientandas estuda se a privação deixa as pessoas mais ou menos sensíveis à dor.

Por fim, duas pesquisas relacionadas à alimentação. A primeira delas analisa o comportamento sexual, problema cardíaco e a falta de sono (claro!) em ratos que têm uma dieta com excesso de colesterol. A outra é sobre restrição alimentar – fator comprovado cientificamente que aumenta a longevidade, de acordo com artigos publicados na literatura científica. "Como isso acontece, a gente ainda não tem certeza. Mas estamos investigando."

Monica fala com muito orgulho de sua pesquisa e os projetos de suas "filhas científicas", paralelos aos seus. E sabe que as garotas terão que andar com as próprias pernas. É que a mais nova conquista da cientista é ter passado em um concurso para dar aulas no campus da Unifesp, na Baixada Santista. "É mais do que um sonho!", comemora. Ela já tem tudo esquematizado para conciliar seu trabalho no Instituto do Sono e na universidade. "Vou de manhã para Santos, volto e faço a pesquisa e os experimentos. À noite, continuo escrevendo os artigos. Vai acabar invadindo o fim de semana, mas nunca me incomodei nas outras vezes em que aconteceu."

Assim a cientista segue seu caminho – tornando seus sonhos realidade, conquistando espaço com seu jeito superfeminino e vivendo, com muita paixão, pela ciência no Brasil.

Rata utilizada nas palestras da bióloga

Monica explica como manipular ratos corretamente

Fotos da família da cientista impressas nas páginas do livro escrito por sua mãe

Constancia Pagano Gonçalves da Silva

Radioatividade do bem

"Se as conquistas úteis à humanidade vos comovem; se ficais pasmados diante da telegrafia elétrica, da fotografia, da anestesia, e de tantas outras descobertas; se estais orgulhosos e conscientes da parte que cabe ao vosso país na conquista dessas maravilhas, tomai interesse, eu vos conjuro, por esses recintos sagrados que chamamos de laboratórios. Fazei o possível para que eles se multipliquem. Eles representam os templos do futuro, da riqueza e do bem-estar social. É por intermédio deles que a humanidade melhora e cresce. É neles que o homem aprende a ler os segredos da natureza e da harmonia universal, enquanto as obras do homem são quase sempre obras de barbárie, de fanatismo e de destruição..."

(Marie Curie, em seu discurso durante a inauguração do Instituto de Radium em Paris, em julho de 1914)

Ao entrar no renomado Instituto de Pesquisas Energéticas e Nucleares (Ipen), considerado o mais avançado centro da América Latina de energia nuclear, notam-se os cerca de 50 anos da construção, e é possível imaginar quantas histórias há para se contar. Durante a travessia entre o corredor da entrada principal e a recepção do prédio administrativo, o piso de mármore desgastado evidencia os muitos passos que ali foram dados, mesmo que passageiros. No interior do imóvel, as paredes parecem querer sussurrar as descobertas e as idéias que por ali transitam.

Acompanhando a nostálgica decoração do edifício, os elevadores pareciam datar da mesma época da fundação do instituto, ano em que Juscelino Kubitschek assumiu a presidência, anunciou a construção de Brasília e foi criada a CNEN (Comissão Nacional de Energia Nuclear). Após apertar o botão do quarto andar, a máquina parou no terceiro e em seguida retornou ao térreo, onde um funcionário entrou e logo disse:

— Semana passada, o elevador ao lado caiu do primeiro andar.

Após o susto de ter uma possível queda, finalmente chegamos ao quarto andar, onde fomos ao encontro de Constancia Pagano Gonçalves da Silva.

Conduzidas ao escritório por uma funcionária do departamento, abrimos a porta e lá estava ela no fundo da sala. Sorridente, Constancia levantou-se cuidadosamente de sua mesa, oposta a uma enorme janela, cuja vista era parte do Instituto de Física da USP, e veio em nossa direção. A doutora nos recebeu e sentamos à mesa para conversar. Entre as pastas que ali se encontravam, um singelo vaso de azaléias marcava presença por sua vivacidade.

Ítalo-paulistana

Os pais de Constancia se conheceram na Universidade de Roma, na Itália, quando o pai cursava medicina e a mãe letras clássicas. Na época, os tios da garota possuíam uma fazenda cafeeira e pediram que eles viessem ao Brasil tentar uma nova vida.

Sua mãe deu à luz na pacata Cravinhos, cidade do interior paulista, em 1928. Chegara ao novo país havia um mês, acompanhada do marido e do filho Lorenzo, com três anos.

Quando Constancia tinha apenas cinco anos, os pais decidiram ir à Itália visitar alguns parentes e ficaram por um ano. Na volta ao Brasil, a família instalou-se na rua Augusta e ela foi estudar no colégio Dante Alighieri, onde ficou até o término do ensino médio. A filha de imigrantes italianos tornou-se amante da música clássica. Um de seus compositores favoritos é o alemão Ludwig van Beethoven. Além de óperas italianas, das quais também gosta muito.

Graduada em química pela Faculdade de Filosofia, Ciências e Letras da USP, em 1951, mais da metade de sua vida se confunde com a história do Ipen. Embora sua formação esteja no estudo científico da constituição da matéria, suas propriedades, transformações e as leis que a regem, a área médica sempre exerceu certo fascínio na vida da cientista. "Eu sempre quis fazer medicina. Mas meu pai dizia que era uma vida muito sacrificada. Aí resolvi ir para a química."

Ao terminar os estudos, um professor de química orgânica perguntou a Constancia se gostaria de trabalhar na Faculdade de Medicina da USP. A então jovem pesquisadora aceitou o convite, pois morava perto do local. "Eu ia a pé, morava na Rua Augusta, quando nela só tinha casas", lembra, enquanto nos oferece um copo de água.

Em 1952, quando começou seu trabalho no Centro de Medicina Nuclear da Faculdade de Medicina, a cientista se aventurava em um mundo no qual a maioria dos profissionais era do sexo masculino. Desenvolvia pesquisas com fósforo radioativo.

A Era nuclear

Quando pensamos em energia nuclear, vem-nos à mente a idéia de bomba atômica. Mas a energia atômica pode salvar muitas vidas.

Marie Curie foi pioneira nos estudos sobre o fenômeno da radioatividade. As descobertas da polonesa e de seu marido Pierre trouxeram à humanidade esperança de tratamentos para diversos tipos de câncer.

Assim como o casal Curie, outros pesquisadores tiveram papel importante no desenvolvimento da tecnologia nuclear. Em 1939, os alemães Otto Hahn e Fritz Strassmann descobriram, com a austríaca Lise Meitner, que os elementos pesados, como o urânio, ao serem bombardeados por nêutrons, podem se partir em dois fragmentos de números atômicos intermediários.

Esse fenômeno passou a ser conhecido como fissão nuclear, usada na produção de radioisótopos, elementos caracterizados por apresentar um núcleo atômico instável que emite energia quando se transformam em um isótopo mais estável.

Eles também são usados na produção dos radiofármacos, empregados na obtenção de um diagnóstico precoce e no tratamento de câncer. Além disso, os medicamentos podem ser utilizados para o alívio de dores de tumores no sistema ósseo.

Uma vida no Ipen

Em sete de setembro de 2005, a pesquisadora voou a Londres, acompanhada do marido e do filho, para receber o Prêmio Mundial do Mérito em reconhecimento à sua contribuição para o uso pacífico da energia nuclear.

Única mulher da América Latina a receber a premiação, Constancia foi indicada pela Agência Atômica Internacional, durante reunião do 30º simpósio da Associação Nuclear Mundial. Ao fazer o seu *sixty seconds speech* (discurso de 60 segundos), como a cientista o caracteriza, a organização do evento exibiu sua vida profissional por meio de diversas fotos.

Além dela, mais três mulheres foram agraciadas com o prêmio: do Egito, Senegal e das Filipinas. "Isso mostra a importância feminina nessa área nuclear, antes dominada só por homens. De uns tempos pra cá, a mulher se tornou mais ativa nesse campo."

Constancia se empenhou muito para conquistar seu espaço. Com 77 anos no momento de nossa entrevista, 47 deles no Ipen, a cientista dedicou a maior parte de sua vida aos radioisótopos. Durante 46 anos, as pesquisas que desenvolveu no instituto estavam relacionadas à aplicação desses elementos químicos na medicina nuclear.

Depois de ir a Paris, em 1961, fazer um estágio de cinco meses no Laboratório de Produção de Radioisótopos do Service des Radioeléments de Saclay, Constancia importou o processo de produção de radioisótopos, para finalmente começar a produzir no instituto o iodo-131, utilizado no diagnóstico e terapia do câncer de tireóide. Desde então, estimulou a trajetória ascendente do setor de radioquímica, começando a produzir novos radioelementos em reator nuclear para utilização médica.

Além do reator, é possível obter radioisótopos por meio de aceleradores chamados cíclotrons. Nele, elementos naturais são irradiados com partículas carregadas, por exemplo, de prótons, e não nêutrons como é o caso do reator nuclear.

As paixões de Constancia

Os radioisótopos, porém, não foram a única paixão que Constancia encontrou no Ipen. Vindo de Belo Horizonte para um estágio, o químico e então professor universitário Joaquim Gonçalves da Silva chamou a atenção da cientista. Poucos meses depois estavam casados. "Em 40 anos de casamento nunca brigamos", afirma rindo.

A pesquisadora ficou afastada do laboratório apenas durante sua única gravidez, em 1967. Porém, acaba revelando que não seguiu à risca as orientações de proteção radiológica. "Eu não podia entrar onde havia material radioativo. Mas eu não estava nem aí, entrava mesmo. E hoje eu brinco e digo: 'Tá vendo, falam que a radiação faz mal e meu filho, hoje com 38 anos, se formou na Escola Politécnica da USP'."

Dois anos após o nascimento de Sérgio, Constancia ingressou no mestrado em Tecnologia Nuclear, na Escola Politécnica, concluindo-o em

1970. Sua investigação abordava a produção de iodo-131 em reatores de pesquisa.

Além do apoio do marido, ela teve ajuda da mãe, que morava no mesmo prédio, e de uma babá, para criar o filho. “Eu morava no sexto e minha mãe no oitavo. Claro que ficou fácil conciliar.” Logo em seguida, iniciou seu doutorado no Instituto de Química da USP, concluído em 1974.

Chega de rotina

Aposentada desde 1991, após mais de quatro décadas à frente do Departamento de Processamento de Material Radioativo do Ipen, a cientista ocupa desde março de 2005 o cargo de assessora técnica da superintendência. “Saí da gerência de radiofarmácia. Chega de rotina”, diz com bom humor.

Abaixo do superintendente (posição mais alta na instituição), sua função é trabalhar próxima aos médicos, com o objetivo de descobrir as necessidades de novos produtos para a medicina nuclear no país. “Para facilitar a averiguação de uma real necessidade de transplante em pacientes com problemas cardíacos, estamos visitando diferentes médicos do país, mais para a região Sul, para ver como é possível enviar o fluordeoxidoglucose – F18, produto que verifica o funcionamento do músculo chamado miocárdio.”

O fluordeoxidoglicose é uma molécula de glicose, principal combustível das células do corpo humano, marcada com um átomo de flúor radioativo, o F18. A meia-vida (tempo necessário para que a atividade radioativa do átomo seja reduzida à metade da inicial) desse radiofármaco dura apenas 119 minutos. Depois disso, ele perde seu efeito. É utilizado em tomografia por emissão de pósitrons (partículas com massa igual à dos elétrons, porém com carga elétrica positiva), um dos mais avançados diagnósticos médicos de alta precisão em oncologia, cardiologia e neurologia. Constancia trabalha na busca de soluções para sanar o problema de tempo.

Os principais produtos radioativos feitos pelo Ipen são utilizados em diagnósticos e terapias da medicina nuclear. Esses elementos químicos atuam sozinhos ou acompanhados de algum produto que os transporta ao órgão humano.

A cientista explica que o samário-153 EDTMP é um radiofármaco muito importante para o alívio da dor causada por metástase óssea, estágio mais avançado do câncer, no qual as células tumorais invadem a circulação sanguínea.

Ao explicar o que significa a sigla EDTMP, mostra que sua memória está longe de falhar e esclarece: "Ácido etileno-diamin-tetrametileno fosfônico. O samário-153 emite radiação beta e se localiza na metástase óssea, aliviando a dor."

O samário, associado a esse ácido, é injetado nos pacientes e, em seguida, permite a melhora da qualidade de vida daqueles que já estão em uma fase mais avançada do câncer, quando as dores "beiram o insuportável". "Busco o que os médicos querem e qual a possibilidade que temos de fazer um radiofármaco. Estou nessa parte bem atuante, de ver as necessidades do país. Importante, né? Não ponho mais a mão em laboratório [risos]."

Cientista entusiasmada

Além de seu trabalho como assessora, Constancia dedica-se à orientação aos alunos de pós-graduação do Ipen.

— Sente saudades do tempo em que atuava em laboratórios?

— Às vezes sim, mas há tanta coisa para fazer na minha área. Contato com os médicos, telefonemas, me sinto animada também. Já trabalhei muito. Tem 48, nove, dez, 11, 12... 47 anos – diz, rindo, depois de fazer as contas de quanto tempo passou em meio às experiências e pesquisas com os radioisótopos.

Parar de trabalhar e colher os frutos de seus esforços ainda não fazem parte dos planos da cientista. "Às vezes, penso em parar, mas depois falo: 'Ah, gosto disso, gosto muito'. Até quando se tem saúde e disposição acho que a gente tem que fazer algo. E ainda tenho energia, você vê?".

E que entusiasmo!

Ao término da entrevista, ela nos oferece um cafezinho. Em seguida, voltamos ao cenário onde horas antes tínhamos o receio de uma queda iminente.

Acompanhadas dessa vez por Constancia, ela logo contou enquanto esperávamos o elevador: "Ontem mesmo fiquei presa, no primeiro andar". Assustadas, descemos mesmo assim.

Sem tempo para apreciar novamente a nostálgica decoração do prédio, apressadas, encontramos o mesmo senhor que nos alertara horas antes.

— E aí? O elevador não caiu?

— Ufa! Graças a Deus, não!

Carmen Sylvia de Alvarenga Junqueira

Uma índia de pele branca

Os índios kamaiurá se concentram no Parque Indígena do Xingu, no Mato Grosso. Na aldeia, o clima de tranqüilidade é constante, pois as manifestações exageradas, como choro, alegria, raiva ou paixão, são evitadas em público, para haver equilíbrio. Se ficam tristes, procuram se isolar nas redes, onde encontram paz, respeito e privacidade. Isso faz parte da etiqueta e do bom comportamento desse povo.

Anualmente, participam de alguns rituais intergrupais: o Kuarup é realizado em homenagens aos mortos, o Jawari é uma competição de arremesso de flechas e catalisa a hostilidade intertribal, e os Moitará são encontros para troca de bens.

A tribo possui papéis definidos. O homem trabalha com a agricultura, pesca, caça e faz objetos, além de praticar a tradicional luta huka-huka. Eles também freqüentam a casa das flautas, instrumento que só pode ser visto e tocado por homens. À mulher cabe cuidar da casa e dos filhos, sendo também responsável pelo preparo dos alimentos, como o típico beiju, feito com mandioca.

A aldeia é formada por casas dispostas de forma circular. Cada uma tem suas atividades de pesca, caça etc. Os alimentos produzidos são armazenados conjuntamente e o consumo é coletivo. Eles partem do pressuposto de que todos devem trabalhar e partilhar, e não consumir só o que cada um produziu.

"Eu já me perguntei várias vezes sobre o que mais me fascina nos kamaiurá. Será que é porque andam nus? Não, não deve ser, pois nas praias praticamente se encontra a nudez. O que me seduz é o fato de serem bonitos? Ou talvez a grande generosidade? Acho que não. Finalmente, tenho a impressão que encontrei a resposta. Aprendi com os índios, não somente com essa tribo, que se pode viver bem com pouco", diz a antropóloga Carmen Sylvia de Alvarenga Junqueira.

Dia de entrevista

Moradora de um prédio antigo no Jardim Paulista, bairro de São Paulo, Carmen divide seu espaço com dois cachorros: Pião e Tata (que significa fogo em tupi). O apartamento é enfeitado com peças indígenas. Quadros, bancos, objetos diversos e redes. No corredor, flechas usadas para caça, algumas com marcas de sangue. A varanda, com bastante verde, é espaço dedicado aos passarinhos. "Vêm onze diferentes tipos comer aqui." Nesse instante, a conversa é interrompida pelo canto de um pássaro. Dessa vez é o relógio marcando onze horas da manhã de um sábado ensolarado.

Em seu escritório há livros do teto ao chão. Uma das prateleiras concentra os que já escreveu. O mais recente chama-se *Sexo e Desigualdade* e retrata o cotidiano dos kamaiurá e dos cinta-larga. "Não liguem para a bagunça." Lá fica seu teclado. "Quando era criança, estudei piano, mas parei quando vim pra São Paulo. Agora, depois de velha, comecei a tocar teclado. Qualquer dia vocês vão me encontrar aí num café, às duas horas da madrugada, tocando [risos]." Com 73 anos no momento de nossa entrevista, Carmen tem espírito brincalhão, jovial e um estilo musical eclético. "Gosto muito de música clássica e também de MPB, samba, rock... Sou da época dos Beatles. Quando morei nos Estados Unidos, o Elvis Presley estava surgindo. Dancei muito rock", lembra, enquanto acende uma cigarrilha de cheiro suave.

Da medicina à antropologia

Na infância, Carmen não imaginava o que o destino lhe reservara. Nascida em Lorena, interior de São Paulo, ela conta alguns fatos que marcaram essa época. Um deles era quando via as crianças de famílias pobres que iam de casa em casa pedir esmola. "Sábado era dia em que se juntavam moedas, pães... Tocava a campainha, já se sabia. Era uma rotina e isso me impressionava. Cabeça de criança às vezes não consegue sintetizar, mas aos poucos vai ampliando sua visão. Eu via que tinha diferenças", diz. "No carnaval, a criançada ia toda fantasiada aos bailes. As meninas eram alvos de moleques que passavam voando perto da gente e arrancavam da nossa mão o lança-perfume. Aí comecei a pensar que esses meninos não tinham com o que brincar. De um modo geral, minha preocupação era com essa desigualdade."

Enquanto os jornais anunciavam os assombros da Segunda Guerra Mundial, Carmen terminou os primeiros quatro anos do ensino fundamental. "Em Lorena tinha ginásio apenas num colégio de freiras, mas minha família apostou que eu não ficaria muito tempo por lá e acabaria sendo expulsa", brinca. "Então, fui morar na casa de uma tia em São Paulo. Na cidade não presenciava mais cenas como as dos sábados do interior."

Outro fato que marcou a vida da menina Carmen foi a rotina de seu pai, que era médico. "Ele me levava para ver as operações cesarianas. A barriga da mãe parecia um palco de onde surgia uma criança." Essa vivência a entusiasmou a estudar medicina, mas seu pai era contra, pois alegava ser profissão muito difícil. "De fato, uma vida de renúncia, porque acordava de madrugada e ia a cavalo fazer partos em bairros distantes. A maioria das pessoas que visitavam seu consultório não podia pagar, então lhe davam frango. Me lembro até hoje... leitão, ovos. Quando soube da minha intenção, papai disse: 'Minha filha, não faça medicina porque você vai ter a vida sacrificada'. Eu me desanimei muito."

Quando Carmen cursava o ensino médio, antigo segundo grau, ficou em dúvida. "Não sabia se queria ficar andando a cavalo para ir a um sítio ver alguém que quebrou a perna, por exemplo. Nessa época eu estava pensando em outras coisas, namorar, casar..."

Logo que se formou, foi aos Estados Unidos passear. Freqüentou alguns seminários sobre arte, trabalhou, arrumou um namorado, mas logo terminou. Ficou por lá durante dois anos. Quando voltou para comemorar seu aniversário de 26 anos, em 15 de dezembro, e passar o Natal com sua família, encontrou um amigo que tinha acabado de voltar da Suíça. "Ele disse: 'Vamos fazer ciências sociais?'. Na verdade, nem sabia direito o que era isso! Como estava desligada do contexto, tinha absoluta segurança de que seria reprovada, mas ele insistiu tanto que acabei concordando." Depois de passarem as férias estudando, prestaram vestibular para entrar na Fundação Escola de Sociologia e Política de São Paulo. Seu colega classificou-se em primeiro lugar e Carmen em quinto.

Antropologia nunca foi uma de suas disciplinas favoritas – ela gostava muito mais de economia. Em uma aula, o professor de antropologia pediu para os grupos realizarem algumas pesquisas. Para uma delas, o livro indicado estava em inglês. "A meninada não transava muito bem o inglês. E eu disse que poderia fazer o tal trabalho sobre os povos indígenas do Alto do Xingu." A atividade aguçou sua curiosidade. "Que estranho, são índios vivendo em pleno século 20", pensou. "Até hoje trabalho com isso!".

O primeiro contato

Com o incentivo do professor Fernando Altenfelder Silva, Carmen partiu para sua especialização e doutorado, tendo os kaiamurá como objeto de pesquisa.

Sua primeira viagem para o Alto do Xingu aconteceu em 1965, época em que era muito raro mulheres irem "pro meio do mato". Carmen, casada e com uma filha, considera um dos momentos mais marcantes de sua vida. "Meu marido me ajudou muito e foi comigo nas três primeiras viagens, para que eu não ficasse totalmente desamparada." Ele era empresário e por isso podia acompanhá-la. O casal teve dois filhos "superurbanos", como ela diz. Durante as viagens, de cerca de um mês, eles ficavam com sua mãe, algum amigo ou com o marido, quando ele não a acompanhava.

No primeiro contato com os kamaiurá, a antropóloga percebeu que havia um significativo grau de igualdade, embora também existissem pequenas diferenças sociais. "A aldeia é um outro mundo. A vida comunitária me encantou. Depois de voltar para a cidade, o negócio não saía da minha cabeça."

Eternamente professora

Quando fez sua primeira viagem, a antropóloga já era professora. "Sempre trabalhei, desde os 16 anos. Tomava conta de crianças em uma pré-escola e achava um porre, porque eu não tenho paciência. Trabalhei na Secretaria da Fazenda, quando estava estudando, um porre também. Fiquei seis meses lá."

Em 1963, um professor da PUC de São Paulo iria se mudar para o Japão e convidou Carmen para substituí-lo. "Fiquei apavorada, porque a única aula que eu tinha dado depois de formada havia sido na Cruz Vermelha, e era de sociologia. Aceitei o desafio e ainda dou aulas lá. Quando eu grudo, não saio mais. Vou dar aula até morrer."

Depois de dois anos na PUC, Carmen começou a lecionar etnografia brasileira (os índios do Brasil) na Faculdade de Filosofia, Ciências e Letras de Rio Claro. "Eu já tinha um bom conhecimento, pois continuava trabalhando no Xingu, nas férias, fazendo pesquisas. Sabia como viviam os índios aqui, no Pará, no Mato Grosso, no Acre." Por causa da distância, acabou desistindo.

Contra a ditadura militar

"Olhando para trás, vejo que esse convívio de 40 anos com povos indígenas mostrou-me um cenário menos traumático. Maior igualdade. Isso alimentou meu imaginário. Jovem, idealista..."

Exatamente a esse idealismo a ditadura militar se opunha no Brasil. O golpe de 64 aconteceu quando os conservadores temiam o socialismo, ou até mesmo uma manobra comunista, em decorrência do posicionamento do então presidente João Goulart, que dava espaço às organizações sociais. Quando o marechal Castello Branco foi eleito presidente da República pelo Congresso Nacional, o país passou por um período de intenso autoritarismo. Nesse contexto, o movimento estudantil teve grande relevância, denunciando e criticando a ditadura, por meio de passeatas e outras manifestações.

"A roda da saia mulata
Não quer mais rodar não senhor
Não posso fazer serenata
A roda de samba acabou
A gente toma a iniciativa
Viola na rua a cantar
Mas eis que chega a roda viva
E carrega a viola pra lá"

(*Roda Viva*. Composição
e interpretação: Chico Buarque)

Carmen participou de muitos protestos contra a ditadura e acabou sendo presa em 1969, em sua casa. "Estava almoçando com minha família e eles foram me pegar. Meu filho não se lembra muito bem, porque era pequeno, mas minha filha sim. A ditadura é fogo, menina. Você nem imagina." Ela foi levada para a Oban (Operação Bandeirante) e, mais tarde, transferida para o Dops (Departamento de Ordem Política e Social). Ambas organizações eram repressivas e objetivavam controlar os movimentos sociais. Depois de quase um mês, foi absolvida.

— Quais foram as acusações?

— Formação de quadrilha, subversão, panfletagem, atentado contra o Estado... Nunca tinha pensado nessas coisas [risos].

— Você foi torturada?

— Fisicamente não. Mas não me deixavam dormir direito. Me pegavam para interrogatório às dez da noite, depois à uma da manhã, às cinco... Também presenciei muitas cenas: pessoas sendo amarradas, queimadas com cigarros... Até então não tinha idéia do que era a violência. Conheci essa face terrível da humanidade.

— Como era lecionar em tempos de ditadura?

— Sabia que sempre tinha alguém na sala que era tira, espião. A repressão era uma coisa ruim, valia a pena lutar contra ela [acende mais uma cigarrilha].

Em 1973, Carmen criou o curso de pós-graduação em antropologia na PUC e convidou alguns amigos para fazer parte do quadro de professores. Alguns deles, como Florestan Fernandes e Octavio Ianni, lecionavam na USP, mas foram cassados pela ditadura e expulsos. "A PUC dava amplo espaço democrático para debates e não houve nenhum problema com a ida deles para lá."

Como Carmen não podia visitar mais os kamaiurá (desde 1967, os militares, por meio da Funai, proibiram-na de voltar à aldeia), decidiu conhecer outros povos. "Em 76 ou 77, estudei índios do Estado de São Paulo, perto de Bauru, Tupã e Avaí. Fizemos um levantamento básico da situação em que eles se encontravam, na busca de recursos para estimulá-los e melhorar suas condições de vida. Eles eram bóias-frias. Conseguimos algum sucesso. Como a qualidade das terras estava ruim e não dava mais nada, foi feita uma roça com curva de nível", relata. "Porém, o país ainda vivia sob regime ditatorial e nós acabamos sendo expulsos da área."

— Por que isso aconteceu?

— Os lugares eram administrados por burocratas do sistema e a Funai conduzida por coronéis. Acharam que a gente estava fazendo subversão com os índios. Mais uma vez, expulsa de alguma coisa [risos].

Novos rumos

Apoena Meireles, indigenista e sertanista, atuava em Rondônia. Ele conheceu Carmen na Funai e a convidou para trabalhar no Parque do Aripuanã, onde estão localizados os cinta-larga. O governo iniciou um projeto de avaliação do impacto no meio ambiente, saúde, agricultura e nas comunidades indígenas do asfaltamento de uma estrada de Cuiabá a Porto Velho. Com a antropóloga e melhor amiga Betty Mindlin, filha do empresário José Mindlin, dono da maior biblioteca privada do país, Carmen pôde continuar a pesquisa com os cinta-larga para fazer a avaliação. Entre idas e vindas, passaram-se dez anos.

Segundo a cientista, em 1989 Rondônia estava em uma situação complicada, em conseqüência do alto número de traficantes. "Como lidávamos com os índios, éramos ameaçados pelos grandes proprietários", denuncia. "Nossos relatórios serviam para a demarcação das terras indígenas, o que criava atrito com os empresários atingidos. Eu já tinha dois filhos e resolvi parar com a pesquisa porque esse negócio de tráfico de drogas é um banditismo inigualável, uma violência que tinha conhecido com a polícia quando fui presa. Caí fora."

A viagem de volta

Passaram-se mais alguns anos e, em 1999, Carmen encontrou-se com o seu amigo Roberto Baruzzi, da Unifesp, que dava assistência médica aos índios. "Ele estava com um projeto grande no Xingu. Logo lá, a menina dos meus olhos. Convidou-me para avaliar o serviço médico no parque indígena."

Durante um mês, antes da viagem de volta ao Alto do Xingu, Carmen sonhava com o cenário da aldeia. "Depois de 20 anos eu pensei: 'Será que vai desmoronar aquele negócio que estava fixado em minha lembrança?'. Chegamos ao Posto Leonardo Villas Bôas [o local recebe visitantes e pesquisadores, além de prestar atendimento médico e odontológico aos índios da região], e esperamos um caminhão ou trator para nos levar até a aldeia. Ficamos sabendo que o trator estava quebrado. Aí chegou um bando de jovens de bicicleta. Um dos rapazes, que eu conheci pequeno, estava com uns 27 anos e havia se tornado líder da tribo. Ele falou: 'Viemos te buscar'. Subi na garupa de uma bicicleta e as outras vieram trazendo a minha bagagem. Eles estavam bonitões, de short e tênis, e eu pensei: 'Não vou encontrar mais nada'. Cheguei à aldeia, ele disse que eu poderia ficar na casa-grande. Armou minha rede e sentou-se na outra. Tirou o tênis, a meia, a camisa, o calção, a sunga. Ficou pelado. Aí eu tive a certeza: nada mudou [risos]!".

A volta da antropóloga foi muito comemorada, embora muitas pessoas conhecidas houvessem morrido. "Os jovens estavam velhos, como eu...", conta. "Eles não me deixaram mais sair de lá. Nessa fase já fiz umas dez viagens. Continuo pesquisando, sempre variando o tema."

No primeiro contato com os kamaiurá, a antropóloga estudou a organização política. O trabalho realizado com os cinta-larga referia-se à economia comunitária. Quando voltou para o Xingu, no fim da década de 80, estudou as mulheres e a mitologia. Em 2002, participou, com Roberto Baruzzi e outros colegas, de pesquisa sobre saúde, demografia, nutrição e cultura, financiada pela Funasa (Fundação Nacional de Saúde) e Unesco. No momento de nosso encontro, estava envolvida com duas pesquisas. A primeira, realizada com a demógrafa Heloisa Pagliaro, da Unifesp, trata da demografia, fertilidade, dinâmica da população e fatores sociais. A outra aborda a mudança cultural.

"Minha vida é cheia de coisas. Dou aulas, palestras. Nas férias, vou para o Xingu. A rigor, tenho que levantar, tomar banho e lavar o cabelo, durante o dia não consigo. Trabalho sábado e domingo. Não consigo ficar parada. Gosto de praia, mas tenho que ter alguma coisa pra fazer."

Os índios do século 21

A volta, depois de 20 anos longe da aldeia, permitiu que a antropóloga observasse muitas mudanças: a economia comunitária continua existindo, embora com outras tecnologias. Para pescar, por exemplo, não é mais necessário remar – os índios utilizam um motor de popa.

Além disso, com a ida de agentes de saúde, os jovens estão se alfabetizando. Percebe-se maior aquisição de conhecimento.

Tradicionalmente, o comando da tribo fica com as pessoas mais velhas, chamado de "gerontocracia". "O conhecimento que os jovens estão obtendo os distingue do pensamento dos velhos, embora eles ainda tenham um respeito grande. Portanto, é possível que, em pouco tempo, aconteça uma inversão de poderes." Carmen pensa em começar um projeto de alfabetização dos idosos da tribo. "Vou pegar alguns amigos e falar: 'Vamos aprender um pouco para vocês não ficarem pra trás'."

Agora, a tribo também tem um gerador, o que permite assistir à televisão. "Na casa do líder, existem duas tevês, uma do lado da outra, que ligam somente durante algumas horas, porque o gerador funciona com gasolina e não se pode gastar muito. Então, quando ele é ligado, as duas telinhas também o são. Em uma delas, com videocassete, passam as festas da aldeia filmadas por eles mesmos. Tem um rapaz muito bom nisso. E na outra, a novela da Globo. É meio esquisito ver as duas coisas juntas. Quem quer, pode assistir. A televisão vende o mundo branco, de ilusão, de consumo."

O contato com a cidade começa a ficar mais freqüente. "Os jovens têm computador na aldeia, mas sem acesso à internet, o que conseguem quando vão à cidade. Eles também fazem compras, namoricam e até bebem, porque bebidas alcoólicas não são permitidas na aldeia. Quando voltam, levam bronca."

O Parque do Xingu tem poucas invasões. "O grande perigo são as fazendas, as agroindústrias – soja, arroz, pecuária – ao redor do parque, cercando-o. O problema é que os rios começam a ficar poluídos e a caça, concentrada, porque não há comunicação com outros ecossistemas, como a Floresta Amazônica. Existe um projeto de proteção, porque estavam cortando árvores, secando as cabeceiras dos rios que se formam por lá."

Carmen considera muito importante o contato dos kamaiurá com o sertanista Orlando Villas Bôas e seus irmãos, que lhe ensinaram ser preciso proteger a terra e as tradições. "Os índios estão mudando, mas com o tempo de poder reinterpretar, aceitar ou não certas coisas da nossa sociedade."

Hoje em dia, vendem artesanato e conseguem alguns recursos, como o da Petrobras, para amparar um programa de escola. "É sempre pouco, mas o suficiente para darem as escapadas, virem a São Paulo. Alguns índios já foram até para o exterior", afirma. "Há uma mudança que se processa de uma forma não traumática."

— Você considera que esse contato com os homens brancos é ruim ou natural?

— É um processo no qual não podemos intervir. A tendência é que eles fiquem cada vez mais próximos. O mundo ocidental não vai se tribalizar. Como eles dão um exemplo tão bom de igualdade social, seria ótimo que conseguíssemos alterar algumas coisas do nosso modo de vida, em especial a ideologia do consumo e a visão predatória em relação ao meio ambiente. Se você olha os índios brasileiros de uma maneira geral, encontra vários povos que precisam de recursos, porque tiveram as matas cortadas, e acabam vendendo madeira, sendo corrompidos por mineradores, garimpeiros etc., pois têm necessidades concretas.

— Como você espera que a tribo reaja a todas essas mudanças que vêm ocorrendo?

— A esperança que temos é que consigam manter o território, proteger o meio ambiente, e que possam viver o capitalismo ou um regime futuro de uma forma mais generosa [dessa vez, acende um cigarro].

A antropóloga e os kamaiurá

Os nomes próprios têm grande relevância no povo kamaiurá. Cada pessoa tem mais de um e conquista outros durante a vida. Carmen recebeu tantos, que não consegue se lembrar de todos sem ajuda de uma lista: Jakue, Maraka, Makã, Akutsirety...

A antropóloga carrega outra tradição da tribo: tem uma espécie de tatuagem em cada braço, feita há alguns anos. São três linhas pretas paralelas. Tradicionalmente, a tinta é uma mistura de resina de árvore, aplicada com um espinho. "Eu fui submetida a essa 'tortura' com agulha de costura, porque eles consideram mais moderno."

— Foi feita por quem?

— Nesse povo tudo tem um dono e a tatuagem também. Então o chefe da aldeia fala com a dona da tatuagem. Ela pode conceder ou não. Quando ela aceita, passa os nomes dela. Eles continuam passando nomes para mim. Em troca, dou presentes para ela.

— Qual o seu significado?

— Sou a mulher-chefe na aldeia dos kamaiurá. Eu sou o equivalente ao cacique, só que mulher.

— Por que eles fizeram a tatuagem?

— Eles acham que eu os conheço muito bem, sou uma das mais velhas da aldeia. Embora eu não seja índia, eles me consideram parte deles. A mulher-chefe tem que ser muito generosa. Quando vou lá, levo muita comida no barco. Procuro levar presentes na medida do possível e, por outro lado, qualquer desejo meu é realizado. Se eu falo: 'As mangas estão tão verdes ali. Será que não tem nenhuma que dê para chupar?' Daí a pouco vai aquele bando colher uma fruta que esteja mais madura.

— E você se sente parte deles?

— Sim, me sinto. Eles são grandes amigos. Como aqui eu tenho Betty, lá tenho o Takumã, o pajé.

Segundo Carmen, quando jovens, Takumã era apaixonado por ela. "Eu era casada, mas mesmo se não fosse, faz parte da minha postura não ter relacionamento com índio, porque perturba os estudos."

Um dia, conheceu uma pesquisadora americana que fazia um trabalho na aldeia e disse: "O Takumã me falou que você é a mulher dele, é verdade?". Carmen respondeu que, no sentido social, ela podia ser considerada apenas uma irmã. Dias depois, ao reencontrar a pesquisadora, esta afirmou que havia perguntado novamente a Takumã se ele tinha namorado Carmen e ele respondeu: "Namorar não". "No seu imaginário sou sua mulher, e ele me converteu numa irmã, porque viu que nada podia ser feito. O que eu vou fazer? Deixa ele viver a fantasia dele", diz Carmen. "Eu deixo essa história correr porque é uma coisa tão bonita que eles criaram... Acho até divertido, é uma forma carinhosa de tratamento."

Takumã teve uma mulher que faleceu e era muito próxima à antropóloga. Ela inclusive aceitou que ele casasse com Carmen. Atualmente, tem outra esposa que a ajuda em suas visitas. "Ela é uma mulher fabulosa, bem mais jovem."

Do primeiro casamento, o pajé teve dois filhos. Um deles é o que foi buscar Carmen de bicicleta. Do segundo, ele tem um menino, de 19 anos, e uma menina, de 16. "Quando crianças, eles vieram conhecer o mar aqui em Ubatuba, junto com o pai." A garota casou-se recentemente e está grávida. "Estou prestes a ser avó novamente", sorri.

Mas ela ainda não tem netos de sangue. Seu filho é engenheiro e a filha não trabalha. Ambos moram com seus companheiros. Carmen separou-se, mas considera o ex-marido um grande amigo.

— Se tivesse que se definir em poucas palavras, o que diria?

— Eu sou tão feliz... Vocês não fazem idéia!

Fotos: arquivo pessoal de Carmen Junqueira

Takumã: pele vermelha pintada

Carmen, Takumã e sua mulher atual

Crianças da aldeia kamaiurá

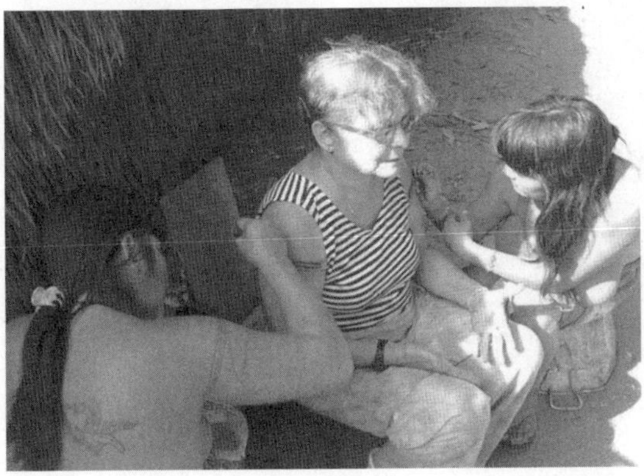

Índias tatuam Carmen

Adriana Válio Roque da Silva

Além do Sol

Observar as estrelas de uma noite no interior. Assistir ao nascer do sol pela janela de casa ao acordar para trabalhar. Dirigir com a companhia da lua cheia. Não precisa muita coisa para se fascinar com o misterioso universo. O céu é inspiração para poetas, escritores e qualquer pessoa que queira refletir por alguns instantes ou simplesmente apreciar a beleza de sua imensidão. Encanta principalmente os astrônomos. Estamos sozinhos? Segundo a revista *Science*, é pouco provável. Como se formam os planetas? Qual é a natureza dos buracos negros? Por enquanto, nenhuma dessas perguntas foi respondida.

Aos poucos, os detalhes do universo são desvendados por cientistas de todo o mundo. O Brasil tem contribuições de grandes nomes nesse campo. Um deles é Beatriz Barbuy, uma das maiores astrônomas do país, com mais de 150 artigos publicados. Em uma de nossas idas à USP, procuramos por ela no Instituto de Astronomia, Geofísica e Ciências Atmosféricas. No fim do corredor, em uma sala semi-escura, ela nos recebeu. Contou-nos um pouco sobre sua vida, o dia-a-dia, mas fez questão de indicar uma colega de profissão e ex-aluna para este livro: a astrofísica Adriana Válio Roque da Silva. Não sem motivo.

Em 2005, a II Conferência Internacional de Mulheres na Física foi realizada no Rio de Janeiro, e Adriana apresentou o cenário da participação feminina na astronomia. "Lá surgiu o assunto da maternidade em bolsistas. Os anos férteis da mulher são justamente quando ela está fazendo mestrado ou doutorado. Nessa fase, é difícil conciliar gravidez com carreira, porque não há estabilidade", afirma. A cientista pretende dar continuidade ao estudo, enfocando a maternidade. "Acho interessante fazer uma pesquisa diferente da que estou acostumada. Consultar leis trabalhistas, analisar questionários, estatísticas, saber a opinião das pessoas, das agências de fomento... Pretendo enviar uma proposta para o CNPq, envolver alguns alunos e coordenar a pesquisa."

O interesse pelo estudo da maternidade em cientistas também foi despertado por uma experiência profissional. Em 2003, aos 38 anos, Adriana engravidou pela terceira vez, o que a pegou de surpresa. No quarto mês de gestação, ela descobriu que o feto tinha síndrome de Edwards, uma anomalia cromossômica. A pesquisadora sabia que as chances de a criança nascer e viver mais de alguns meses eram remotíssimas. Teve que se preparar para a perda. Para poder ocupar o tempo de quatro meses da licença-maternidade, enviou um projeto para a Sociedade Brasileira de Física, que foi aceito. "Procurei escrever um livro, fazer algo produtivo." Trata-se de um material didático para professores de física do ensino médio sobre astronomia.

Isabel nasceu com uma cavidade muito grande entre os ventrículos e, por isso, tinha refluxos de sangue no pulmão. Com dois meses e meio, morreu de parada cardiorrespiratória. "Tanto a síndrome de Down quanto a de Edwards estão relacionadas com a idade da mãe. Pode acontecer com moças, mas a probabilidade cresce muito com mulheres acima de 35 anos. Eu já tinha 38. Nessa idade, alguns óvulos começam a apresentar defeito. Meu caso pode servir de exemplo para outras cientistas, pois quando a mulher é bolsista não tem direito à licença-maternidade. Quero me envolver num projeto de conscientização das pesquisadoras", conta. "Faça uma decisão consciente. Saiba que você está sujeita a isso."

Entre o Brasil e os Estados Unidos

Adriana conheceu seu marido, Antônio José, no Instituto de Física, na Unicamp. "Casamos quando estávamos fazendo mestrado e tivemos nossa primeira filha." Adriana tinha 23 anos, e a gravidez não estava nos planos, porque o casal desejava fazer doutorado nos Estados Unidos. "Fiquei contente, mas pensei: 'E agora, o que vou fazer?'. Mesmo assim, nunca achei que não iria conseguir."

Zé, como é conhecido, foi aceito na Universidade de Berkeley, na Califórnia, mas Adriana decidiu não se inscrever. Somente depois de um ano entrou na mesma instituição. Quando Thaís estava com três anos, o casal decidiu ter mais um filho. Entre um grande exame e outro, eles planejaram a época ideal. "No exame preliminar do doutorado eu já estava grávida de duas semanas. Acho que foi um fato inédito, uma doutoranda grávida em Berkeley. Tinha gente que me olhava como se eu fosse um ET passeando com aquele barrigão. Achavam que era coisa de latino-americano! Depois que a Beatriz nasceu, duas alunas de pós-doutorado também engravidaram. Lancei moda!".

— Como você conseguiu cuidar das crianças e estudar?

— Meu marido sempre me apoiou e dividia todas as tarefas comigo. A Thaís ficava numa creche em período integral e a Beatriz ficou até os nove meses em casa. Eu levantava cedo, amamentava e ia para a universidade. Pulava uma das mamadas e meu marido levava a neném para a universidade na hora do almoço. À tarde, eu buscava a Thaís na creche. O Zé só chegava em casa depois das dez da noite, quando as meninas já estavam dormindo. Então, ele ligava antes para falar boa noite.

— Essa rotina chegou a atrapalhar seus estudos?

— Minha tese foi longa, levou cinco anos e dois meses. Mas em Berkeley a média era de sete anos. Um professor e chefe de departamento achou que eu ia demorar muito para terminar por causa da gravidez. Quando concluí, fiz questão de falar para ele: 'Eu vim aqui só pra entregar minha tese'. Eu tinha um objetivo, estava focada, diferente de alguns colegas que chegavam lá cedinho e ficavam até umas 11 da noite. Eles tinham tempo para tomar café, conversar, entrar na internet. Como eu sabia que só podia ficar lá por oito horas, o tempo da creche, dispersava menos.

No mundo astronômico

Aos 16 anos, como grande parte dos adolescentes, Adriana estava indecisa sobre a profissão a seguir. Não sabia se queria fazer arqueologia, computação... Foi quando caiu em suas mãos um livro sobre o universo sideral e corpos celestes, e ela gostou do assunto.

Não havia curso de graduação em astronomia no Estado de São Paulo. Por isso, decidiu fazer física na Unicamp e deixar sua vontade para depois. "No mestrado, desenvolvi um trabalho teórico sobre formação de estrelas." Depois, foi para o exterior. "Em 1989, meu interesse era fazer doutorado sobre o mesmo assunto, para continuar com o que havia desenvolvido."

Na Universidade de Berkeley havia um curso chamado pelos alunos de *brainwash* (lavagem cerebral), uma série de palestras em que cada professor falava sobre sua pesquisa. Adriana conheceu a única professora da instituição. Ela trabalhava com planetas, radioastronomia. "Achei aquilo a coisa mais interessante. Decidi que queria estudar o espalhamento das ondas de rádio do Sol nos anéis de Saturno." Depois de um ano, mudou para física solar, acreditando que isso aumentaria suas chances de conseguir emprego no Brasil.

No pós-doutorado, a astrofísica continuou com sua linha de pesquisa no Caltech (Instituto de Tecnologia da Califórnia). Em 1997, a família voltou ao Brasil e a cientista juntou-se a um grupo de pesquisa coordenado pelo físico Pierre Kaufmann, na Unicamp. Ele foi convidado para trabalhar no Instituto Presbiteriano Mackenzie, em São Paulo, e em fevereiro de 1999 Adriana o seguiu. "Minha posição é privilegiada. Dou poucas aulas porque sou contratada para fazer pesquisas. Isso é novo em escolas privadas."

A cientista passa praticamente todo o dia em sua sala no Centro de Radioastronomia e Astrofísica Mackenzie (Craam). Trabalha com dados, escreve artigos e lê bastante. Chega perto de um telescópio no máximo uma vez ao ano, pois as informações de que necessita para suas pesquisas podem ser obtidas pela internet. Dá aulas de física duas vezes por semana na graduação e na pós, de radiociências. Também orienta alunos do ensino superior, mestrado e doutorado. "O que mais gosto na minha carreira é esse contato com os jovens. Acho agradável dar aulas, mas o tempo que dou é suficiente."

Para a realização de pesquisas, o Craam recebe verba das agências de fomento e também pode contar com o Fundo Mackenzie de Pesquisa, criado em 1998. Por meio de financiamentos, seu objetivo é incentivar a investigação de projetos científicos relevantes e economicamente viáveis, desenvolvidos na instituição.

Quando conversamos com ela, Adriana também fazia parte da diretoria da Sociedade Astronômica Brasileira, fundada em 1974. A entidade tem 476 sócios e promove encontros e simpósios para a discussão de pesquisas científicas. Como secretária-geral, sua principal atividade é organizar a reunião anual, que congrega cerca de 300 astrônomos profissionais.

Explosões solares

A astrofísica trabalha com atividade solar há mais de dez anos. Ela explica que na atmosfera do astro ocorrem muitas explosões, ocasionadas pela liberação de grandes quantidades de energia. As explosões sempre ocorrem nos locais das manchas solares e estão associadas ao aparecimento delas. Quando as manchas são muito grandes, é possível observá-las a olho nu, embora não seja aconselhável, em virtude da possibilidade de causar danos à visão. Elas são regiões mais frias do que a superfície ao redor e têm fortes campos magnéticos. A quantidade varia de acordo com o ciclo do Sol, que dura 11 anos. No mínimo, são visíveis cerca de 50 manchas por ano. No período de máxima chegam a mais de 500 ao ano. As explosões são os fenômenos mais energéticos do Sistema Solar – têm a força de milhões de bombas de hidrogênio – e liberam partículas energéticas e radiação.

Com os alunos, Adriana desenvolveu um projeto para descrever a atmosfera do Sol, estudar as explosões e ejeções de massa solar. "Por causa da tecnologia, a sociedade está cada vez mais dependente de satélites e, quando acontece essa atividade, com ejeções de massa da atmosfera solar, as partículas que chegam à Terra podem causar vários distúrbios." A cientista refere-se a interrupções nas redes de comunicação, interferências nos sistemas de navegação e aviação e dificuldades no abastecimento de energia. "Essas partículas podem ser responsáveis por tempestades geomagnéticas, apagões e alterações na camada de ozônio."

Adriana também fala sobre os satélites que caem antes do previsto. "Eles custam caro e por isso o pessoal está cada vez mais preocupado. Atualmente, conseguimos saber apenas algumas horas antes que aconteceu uma explosão lá no Sol, e aí preparem-se porque vêm radiação e partículas. Meu trabalho vai nesse sentido."

Em busca de outros sistemas

Em 1997, o visionário Michio Kaku escreveu o livro *Visões do Futuro: Como a Ciência Revolucionará o Século XXI.* Nele, o autor declara que neste século novos telescópios seriam capazes de detectar planetas extrasolares similares à Terra. Segundo Kaku, o fato poderia lançar uma nova fase na astronomia, levantando a hipótese de vida inteligente extra-terrestre.

Já foram identificados mais de 150 planetas fora do Sistema Solar, embora nenhum deles com condições de abrigar vida. Mas as idéias de Kaku estão próximas de se tornar realidade.

Quando acontece um eclipse (fenômeno em que um corpo celeste passa na frente de uma estrela), é possível detectar uma diminuição da intensidade do brilho do astro. Percebido isso, o primeiro passo é verificar se o objeto é um planeta ou apenas uma estrela. "Existem vários métodos para a identificação. Um deles é por meio de um cálculo simples, a partir da medida do trânsito do eclipse, que eu desenvolvi."

Entretanto, se o objeto é muito pequeno, como a Terra, fica difícil perceber essa diminuição, porque quem observa do solo capta muito ruído, devido à atmosfera e às interferências. "Caso o planeta tenha o tamanho de Júpiter, a diminuição do brilho é 100 vezes maior e é possível detectá-lo."

Em 2006, um satélite francês chamado Corot será lançado para verificar a variação da luz das estrelas devido à passagem de planetas pequenos e sólidos e estudar os estelemotos (terremotos das estrelas) para estabelecer a evolução do Sol. "Por causa dos ruídos, até hoje a gente só consegue detectar planetas grandes. Esse satélite terá mais precisão e poderá identificar planetas com as mesmas características da Terra, o que é inédito."

— Você acredita que é possível existir vida fora da Terra?

— Eu acho que sim, pessoalmente. Não fiz nenhum estudo para falar sobre isso. Talvez não exista vida inteligente, mas bactérias, acredito que sim.

O interesse pelo estudo de planetas extra-solares ocorreu quando soube que o Brasil poderia ser parceiro da CNES (agência espacial francesa), inicialmente responsável pelo projeto do Corot. "Fiz uma proposta para o estudo das manchas do tipo solares em outras estrelas e ela foi aceita pelo comitê", comemora. "Gostaria de participar da detecção de planetas, mas não dava mais tempo. Tive que ver sobre o que ainda não havia propostas para me inserir."

A parceria permitirá que o grupo de pesquisadores obtenha as informações do satélite em primeira mão. "Normalmente, em projetos como esse, os parceiros recebem os dados e passam na peneira para tirar as coisas mais interessantes. Somente depois de um tempo, eles são liberados para a comunidade científica." São parceiros do projeto pesquisadores da ESA (agência espacial européia) e da Áustria, Espanha, Alemanha, Bélgica e Brasil – o que possibilitará aos países participarem de estudos que talvez levem a um novo mundo.

Dessa vez, os europeus vão sair na frente dos norte-americanos. A Nasa (agência espacial norte-americana) lançará o satélite Kepler, com a mesma finalidade, em 2007 ou depois.

Kaku afirma que o destino da humanidade reside nas estrelas porque a Terra vai morrer num limite máximo de cinco bilhões de anos. O combustível de hidrogênio do Sol se esgotará e a atmosfera se expandirá até que os oceanos na Terra fervam, as montanhas derretam e o céu fique em chamas. Ele acredita que o programa espacial pode representar a salvação dos seres vivos.

O físico John Lewis, mencionado por Michio Kaku para reforçar a sua tese, acredita que, muito antes disso acontecer, a falta de recursos e a explosão da população farão os seres humanos "terraformar" Marte, construir bases lunares ou escavar asteróides. Se não for possível, a saída será apostar em planetas habitáveis em algum outro Sistema.

Doutores em família

Quebra-cabeças é uma das atividades de que Adriana gosta. Faz sentido. Mas ela também tem outras habilidades. "Costuro desde os dez anos. Comecei fazendo roupinhas para a boneca Suzi, depois passei a costurar para mim, para minhas filhas... Também gostava de fazer colcha de retalhos, moda nos Estados Unidos, e tricô. Há muito tempo eu não faço essas coisas. Aprendi tudo com minhas avós. Acho que isso compensa o fato de eu não saber cozinhar!".

Suas avós, com 88 e 90 anos na época de nossa entrevista, moram em Campinas. Seus pais também. "É interessante quando nos reunimos. Num jantar com toda a família há nove doutores." Sua mãe estudou literatura portuguesa. Seu pai, botânica (fisiologia vegetal). Uma de suas irmãs fez doutorado em economia agrária. Hoje, mora na Alemanha e é ilustradora de livros infantis. A outra está fazendo mestrado em artes na USP. Seus cunhados também são doutores e o marido trabalha com nanotecnologia na USP. "Minhas filhas querem continuar com essa tradição 'familiar'. A Thaís, 16, quer atuar em ciências médicas. A mais nova, com 12 anos, já quis ser astrônoma que nem a mamãe."

"Vou sair pra ver o céu
Vou me perder entre as estrelas
Ver de onde nasce o Sol
Como se guiam os cometas pelo espaço
E os meus passos nunca mais serão iguais"

(*Busca Vida*. Composição: Herbert Vianna.
Interpretação: Os Paralamas do Sucesso)

Arquivo pessoal de Adriana Silva

Família unida: Beatriz, Adriana, Antônio José e Thais

Soho (ESA & Nasa)

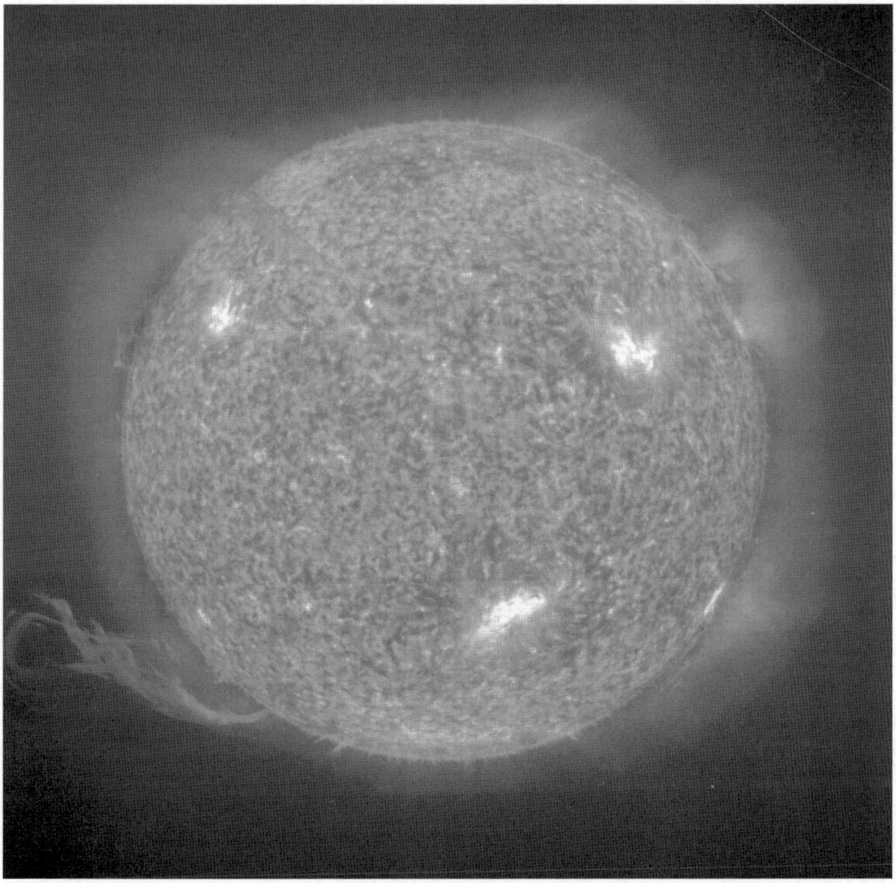

Explosões solares estão relacionadas ao aparecimento das manchas (partes mais claras)

Magda Aparecida de Lima

Em sintonia com o meio ambiente

"Entrem, entrem, fiquem à vontade. Estão vendo aquela foto no meu computador? É o Elliot, minha paixão! É um pequinês misturado com outra raça. Bom, esta é minha sala. Vejam, tenho fotos de Elliot por todo o lugar. Ele morreu em outubro de 2004... faz tanta falta."

Agitada, são 20 minutos de fala antes de encontrarmos a deixa para perguntar:

— Podemos gravar a entrevista?

— Nossa, eu não gosto da minha voz! Costumava gravar Elliot latindo e sempre me ouvia na gravação. Soa muito infantil [risos].

Magda Aparecida de Lima é uma pessoa singular. Formada em ecologia e doutora em geociências pela Unesp, a cientista é simplesmente fascinante. "Melzinha", como é chamada pelos amigos por causa de seus olhos cor de mel, é tímida, mas quando se trata de seu trabalho mostra seriedade e é uma verdadeira apaixonada pelo que faz.

A sala de trabalho onde foi realizada a entrevista é provisória, até que o laboratório seja concluído. Um pequeno ar-condicionado refrigera o local. A temperatura fora do prédio passa dos 30°C. Ao diminuir a temperatura pelo controle remoto, ela diz, rindo: "São os quilinhos a mais, por isso sinto tanto calor", exagera.

Dentro da sala, uma enorme estante, que vai de uma parede a outra, guarda os diversos projetos, documentos e livros. Ao lado da mesa onde fica seu computador, uma grande janela permite a contemplação do jardim. Abaixo dela estão alguns dos equipamentos utilizados nas pesquisas.

A cientista atua na Embrapa, onde coordena a rede Agrogases, estabelecida para desenvolver um projeto sobre a dinâmica do carbono e gases geradores do efeito estufa em sistemas brasileiros de produção agropecuária, florestal e agroflorestal. Como coordenadora técnica da rede de estudos, não esconde seu entusiasmo pela profissão. "Me apaixonei pela pesquisa. Ela foi tomando uma proporção cada vez maior, com mais trabalho. Quer saber? Eu adoro!".

Iniciado em 2003 e com duração prevista de quatro anos, o projeto tem como objetivo principal avaliar o estoque de carbono e quantificar as emissões de gases de efeito estufa em agrossistemas. A pesquisa visa também à identificação e à seleção de práticas agrícolas sustentáveis e mitigadoras.

Com dúvidas sobre o jargão científico, interrompemos a pesquisadora:

— O que é mitigação?

— Ah, essa é uma palavra bem comum em nosso vocabulário. Mitigação é uma espécie de intervenção na tentativa de reduzir as emissões de gases. Por exemplo: vou implantar um novo sistema de manejo do solo mais mitigador, ou seja, com menos perda de gás carbônico. Isso evita o efeito estufa e ao mesmo tempo melhora a fertilidade da terra.

Os resultados do projeto contribuirão para a melhoria de práticas agropecuárias, florestais e agroflorestais que levem à sustentabilidade dos sistemas de produção, com a redução de impactos ambientais. Sobretudo aqueles relacionados à mudança climática global. Dentro dessa perspectiva, poderá ajudar a política nacional sobre mudança do clima de acordo com o Protocolo de Kyoto.

Baseado nos princípios do Tratado da ONU (Organização das Nações Unidas) sobre mudanças climáticas de 1992, o Protocolo de Kyoto foi criado para estabelecer metas de redução dos gases geradores de efeito estufa para os países desenvolvidos. Eles se comprometeram a diminuir suas emissões entre 2008 e 2012 em pelo menos 5% em relação aos níveis de 1990. Porém, a ONU afirma que a maioria deles ainda está longe de atingir o objetivo.

Os Estados Unidos alegaram que a implementação traria prejuízos para a economia norte-americana e não ratificaram o Protocolo de Kyoto. Segundo o Ministério de Ciência e Tecnologia, os EUA aparecem na lista como o maior emissor de gás carbônico em 1990.

Para viabilizar as metas de redução, o protocolo criou o MDL (Mecanismo de Desenvolvimento Limpo), no qual permite que os países desenvolvidos se beneficiem das reduções de emissões realizadas em nações em desenvolvimento, entre elas o Brasil. "Temos urgência em produzir conhecimento científico sobre essas emissões para nos beneficiarmos com o mercado de carbono, oportunidades de agronegócios e nos precaver contra futuras restrições", constata Magda.

O mercado de carbono consiste na compra e venda de créditos de emissões de gás carbônico. Nações que poluem muito podem comprar cotas dos países que poluem menos, inclusive dos em desenvolvimento, por projetos de MDL. Quando implementados, geram créditos por atividades que aumentam a capacidade de absorver carbono, como o reflorestamento. Outra alternativa é a redução de emissão de gases, como a co-geração de cana-de-açúcar, que produz eletricidade a partir da queima de biomassa (massa de matéria orgânica) do bagaço da cana.

Cada vez mais quente

A Revolução Industrial mudou a relação entre o homem e a natureza. Nos últimos cem anos, a concentração de gases poluentes vem aumentando consideravelmente. Indústrias, agricultura e uso de combustíveis fósseis contribuem para isso. O efeito estufa é ocasionado pelo acúmulo de gases na atmosfera. Ele aumenta a temperatura do planeta, por causa da retenção de calor irradiado pela superfície da Terra. A conseqüência é catastrófica. As mudanças climáticas afetam a biodiversidade do planeta e até mesmo a economia mundial.

Ainda não foi provado que os furacões Katrina, Rita e Wilma, que devastaram regiões no sul dos Estados Unidos e parte da América Central em 2005, foram provocados pelo aumento da temperatura. Mas sabe-se que o aquecimento global intensifica fenômenos naturais. Com essa constante elevação, o clima ficará ainda mais imprevisível.

Não à toa, setembro de 2005 foi o mês mais quente na Terra desde 1880 – ano em que as temperaturas começaram a ser registradas para uso científico –, segundo a Noaa (Administração Nacional Atmosférica e Oceânica dos EUA).

Contribuindo com a natureza

Magda afirma que o Brasil representa um importante emissor de gases devido à queima de biomassa. Uso intensivo dos solos, queima de resíduos agrícolas, criação de grandes rebanhos de bovinos (ao arrotar, o gado libera metano, que é um gás gerador de efeito estufa) e cultivo de arroz inundado são exemplos de atividades que contribuem para o efeito estufa. Por isso, há necessidade de se estudar métodos de produção sustentáveis.

A Embrapa Meio Ambiente, em Jaguariúna, é o local de trabalho de Magda. A unidade é responsável pelo projeto que agrega 20 unidades da empresa, instituições nacionais e estaduais de pesquisa, universidades e outros institutos, permitindo troca constante de conhecimento científico.

— Esse projeto é pioneiro no Brasil?

— Na parte de agricultura, sim. Comparamos vários sistemas de uso da terra para conhecer seu potencial de estocar carbono e de mitigação de gases. É uma das poucas referências no país. Existem outras redes já há tempos constituídas, como o LBA (Experimento de Grande Escala da Biosfera-Atmosfera na Amazônia), iniciativa internacional de pesquisa liderada pelo Brasil ligada à região Amazônica, um dos mais importantes biomas brasileiros.

A rede Agrogases constitui-se em diversos projetos, com o envolvimento de mais de 70 pesquisadores, e está dividida em quatro grupos de estudo: dinâmica de carbono no solo, vegetação (florestas nativas e plantadas), gases de efeito estufa e síntese das informações.

Paixão pela ecologia

Entre um ajuste e outro da temperatura do ar-condicionado, a cientista nos olha com seu olhar tímido enquanto conta sua história.

Com 12 anos, ainda no primeiro grau, Magda ouviu sobre sua área nas aulas de biologia do colégio. Animais, plantas, integração e ecossistema. "Gostei daquilo. Era o que eu queria fazer." Tão logo se formou no ensino médio, ingressou na primeira turma do curso de ecologia na Unesp. "Éramos muito idealistas. Queríamos salvar o planeta."

No último ano da faculdade, aos 22 anos, começou a namorar. "Fiquei uns três anos com meu primeiro namorado, mas não deu certo. Ele não era muito ligado aos estudos." Dedicada, formou-se em 1979.

Seu desejo após concluir a faculdade era continuar estudando e fazer mestrado na Amazônia. Porém, a família, de Rio Claro, discordou. "Eu era maluca para conhecer aquele ambiente. Passei no exame e até comprei a passagem para lá. Mas aconteceram alguns problemas, minha mãe ficou doente e pediu para eu ficar."

Em 1982, iniciou seu mestrado em ecologia e recursos humanos na Ufscar (Universidade Federal de São Carlos). Nesse período, conciliou estudos com trabalho. Elaborou e implementou um projeto de educação ambiental da Prefeitura Municipal de Rio Claro.

Localizada a 173 km da capital de São Paulo e com aproximadamente 181 mil habitantes, a cidade foi cenário da tese de doutorado sobre qualidade ambiental de uma microbacia e casa da cientista até os 32 anos. "Aquele lugar é muito gostoso, principalmente o horto florestal. Minha paixão pela ecologia começou lá."

Ao entrar na Embrapa, no início dos anos 90, mudou-se para Campinas, onde mora sozinha. Às vezes, Magda se sente solitária, mas não se importa. "Chego em casa cansada e não quero ninguém me incomodando." A mãe, dona Isabel, ainda mora em Rio Claro, sozinha desde a morte de seu marido, em 1995.

Apesar de alguns problemas familiares, Magda está longe de ser uma pessoa abatida. É alto astral e sorri o tempo todo. Mas quando fala da pesquisa sua postura muda. É compenetrada. O assunto é tão simples para ela que em alguns momentos é difícil acompanhar seu raciocínio.

O mundo aos olhos de uma ecóloga

Magda chega à Embrapa por volta das oito horas da manhã e só sai de lá às oito da noite. Em fase de finalização de projeto, chega a ficar até meia-noite trabalhando. "Eu me dedico tanto ao trabalho que às vezes esqueço de mim."

Aquariana, nascida no dia seis de fevereiro de 1958, a cientista não aparenta ter a idade que tem. É loira, tem olhos cor de mel e corpo jovial, apesar de insistir sobre alguns quilinhos a mais. Não quer se casar e nem ser mãe. "Pensei em ter filhos, mas do jeito que o mundo está, não quero. Além disso, sou muito preocupada com tudo. Morreria de tanta preocupação."

Para Magda, o planeta já está sujo e populoso demais. "A água está acabando, o ar, poluído. Que qualidade de vida meu filho teria? Acho que Deus fez a coisa certa." A ecóloga encanta com sua preocupação com o meio ambiente e os animais. "As pessoas correm de carro sem imaginar, por exemplo, que podem atropelar um cachorro ou um joão-de-barro." Melzinha admira até as pombas na praça cuidando de seus filhotes. É daquelas pessoas incapazes de matar uma formiga.

Menina mulher

Fã do filme *Blade Runner* e do desenho *A Era do Gelo*, Magda também gosta de colecionar histórias do Garfield. "Quando leio jornal, sempre guardo a tirinha que acho mais engraçada. Tenho uma coleção enorme", diz com sorriso e olhar de menina.

Quando viaja para congressos e encontros de ecologia, nas horas vagas a cientista gosta de andar sozinha em meio às pessoas desconhecidas para sentir o lugar. "Fico sensível a tudo o que vejo. Aproveito ao máximo. Curto e percebo cada detalhe. Se estou com alguém conhecido, acabo perdendo essas coisas." Sua primeira viagem internacional foi a um congresso na Sibéria em 2000. Desde então, já visitou diversos lugares.

Outra paixão de Magda era o pequinês Elliot. "Estava assistindo ao filme *Os Intocáveis* quando meu cachorrinho recém-chegado estava precisando de um nome. Kevin Costner interpretava o herói Elliot Ness, agente da CIA que prendeu Al Capone. Pensei: vou colocar o nome do herói. Então decidi que seria Elliot." Até mesmo um integrante do Senado norte-americano, que conheceu a cientista na Holanda, em 2000, mandava lembranças ao animalzinho nas trocas de e-mail.

Aliás, do primeiro contato com Magda até nosso encontro, foram-se alguns meses e muitas mensagens eletrônicas. Após a calorosa acolhida, despedimos-nos e ela não escondeu sua constante preocupação.

— Vocês sabem voltar? Não têm medo de dirigir à noite?

— Não, já estamos acostumadas. Mas seremos mais cuidadosas com os passarinhos. Lembraremos de buzinar para que eles não sejam atropelados.

Arquivo pessoal de Magda Lima

Elliot, o pequinês herói da cientista

Professor Marcos David Ferreira, orientador da pesquisa

Uma janela para o futuro

Marcela Chiumarelli nasceu em Cambará, cidadezinha rural de 24 mil habitantes, localizada no Paraná. Lá, teve seu primeiro contato com a agricultura. "Nos fins de semana, meu pai me levava para conhecer algumas fazendas. Isso me influenciou bastante a ser uma agrônoma." Aos dez anos, mudou-se para Cornélio Procópio, no mesmo Estado, e aos 15 para Mogi Mirim, interior de São Paulo, onde vive até hoje.

Durante o ensino médio, fez magistério com a intenção de conciliar faculdade com a profissão de professora. Mas logo viu que não era esse o seu desejo. "Fiz um ano de cursinho sem saber exatamente o que iria prestar. Estava em dúvida entre engenharia de alimentos e economia." Quando soube do curso de engenharia agrícola, as lembranças da infância vieram à tona. "Prestei vestibular para a USP e Unicamp. Passei nas duas. Como meu pai queria que eu continuasse morando em casa, optei pela segunda. Venho para Campinas e volto para Mogi Mirim todos os dias. Levo cerca de 40 minutos."

— O que se aprende no curso?

— É muito abrangente. Não estudamos apenas os alimentos. Máquinas, câmara fria, estufas, materiais alternativos para construções rurais e irrigação são algumas das áreas. Fui conhecendo várias delas ao longo do curso, e a de alimentos foi a que mais gostei.

Salvando os tomates

Na salada, no molho da macarronada ou apenas com sal, o tomate é um potente antioxidante. O licopeno (que dá a cor vermelha ao fruto) combate os radicais livres e retarda o envelhecimento. Alguns estudos mostram que a substância pode prevenir doenças do coração e alguns tipos de câncer, principalmente os de próstata, pulmão e estômago.

Segundo o Instituto de Economia Agrícola, o Brasil produz anualmente cerca de três milhões de toneladas do fruto. Da colheita até a mesa do consumidor, perdem-se aproximadamente 30% da produção. Para evitar o desperdício, Marcela passou dois anos pesquisando cinco tipos de ceras comestíveis para a cobertura do tomate Débora, variedade mais consumida em saladas. "A cera, usada em produtos de exportação como a laranja e o mamão, evita a perda de líquido. Com o tomate, composto por 90% de água, seria o mesmo."

Depois de diversos testes, como os de índice de temperatura, textura e sensorial, Marcela concluiu que a melhor cobertura é a de cera de carnaúba, principal produto de extrativismo vegetal do Piauí.

A cera é aprovada pelo Ministério de Agricultura dos Estados Unidos. "Lá os estudos sobre ceras comestíveis são mais avançados. Por esse motivo, usamos a formulação americana." Com apenas R$ 10 é possível aplicar o produto em uma tonelada de tomates. Preço baixíssimo se comparado aos R$ 2.200 por tonelada gastos com a refrigeração, outra alternativa para conservação dos frutos.

Até mesmo pequenos sítios poderão se beneficiar com a pesquisa de Marcela, orientada pelo professor doutor Marcos David Ferreira, do Departamento de Tecnologia em Pós-colheita da Unicamp. A aplicação, além de barata, é simples. Basta pulverizar a cera em cima dos tomates e adeus desperdício. Em um país que possui cerca de um terço de desnutridos entre seus mais de 180 milhões de habitantes, Marcela fez sua parte, encontrando uma solução para evitar a perda de tomates.

E depois?

A futura engenheira agrônoma iniciou a pesquisa em 2002. Somente em agosto do ano seguinte conseguiu uma bolsa de iniciação científica da universidade em que estuda. No momento de nossa entrevista, estava concluindo seu trabalho de finalização de curso na área de irrigação.

— Quais são suas expectativas para o futuro?

— Vou fazer mestrado aqui na Unicamp na área de pós-colheita. Se gostar, faço doutorado. E vou arranjar um emprego.

Casar e ter filhos ainda não faz parte dos planos da jovem cientista de 24 anos. "Primeiro a carreira", diz. Marcela namora há mais de três anos com Carlos, estudante de engenharia química, também da Unicamp. "Não falamos sobre casamento ainda. Como eu, Carlos também gosta dessa área de pesquisa e quer continuar." Aliás, ele foi uma de suas cobaias na análise sensorial dos tomates. "Ele os experimentava e opinava. Também me ajudava a lavar os frutos." A estudante trabalha três vezes por semana em uma empresa de irrigação. À tarde assiste às aulas ou faz análises para seu trabalho de conclusão.

Cientistas do amanhã

"Pela primeira vez na história do concurso Jovem Cientista duas vencedoras foram mulheres. A premiação é promovida todos os anos pelo CNPq (Conselho Nacional de Desenvolvimento Científico e Tecnológico) e pela Fundação Roberto Marinho. O tema deste ano foi o combate à fome.
Na categoria dos graduados, Florência Cladera Olivera, da Universidade Federal do Rio Grande do Sul, ficou em primeiro lugar, com a produção de um bioconservante a partir de uma bactéria do intestino de um peixe para combater bactérias que provocam o apodrecimento da batata. Na categoria dos estudantes, Marcela Chiumarelli, aluna do 8º período de Engenharia Agrícola da Universidade Estadual de Campinas, conquistou o prêmio revelando que a utilização da cera de carnaúba aumentou o período de conservação do tomate, diminuindo o desperdício."

(Gilse Guedes. Trecho extraído do jornal *O Estado de S.Paulo*, 26 de outubro de 2004)

Marcela, uma das ganhadoras do concurso Jovem Cientista de 2004, é prova do futuro das mulheres no cenário científico. Tem na bagagem um prêmio considerado pela comunidade científica como um dos mais importantes do gênero na América Latina.

— Como foi receber o prêmio?

— Sinceramente, não achei que eu fosse ganhar. Enviei o projeto por insistência dos amigos. Estava sem esperanças. Um dia, quando cheguei em casa, o professor Marcos me ligou: 'Você ganhou o prêmio'. Pensei que ele estava brincando, foi uma surpresa. Foi bom para o meu ego e, hoje, sou mais confiante.

A entrega do prêmio aconteceu em 25 de novembro de 2004, no Palácio do Planalto. Quem recebeu Marcela foi o então vice-presidente José Alencar. "Fui para o Rio de Janeiro conhecer a Eletrobrás, uma das parceiras do projeto Jovem Cientista. Lá, apresentei meu trabalho no encontro dos reitores das universidades brasileiras e na reunião anual da Sociedade Brasileira para o Progresso da Ciência. Fomos duas vezes a Fortaleza para divulgar o prêmio em escolas públicas. O melhor foram as viagens."

Somos o futuro da nação

A jovem Marcela, as veteranas retratadas ao longo do livro e todas as outras cientistas brasileiras são prova da importância da mulher na produção científica do país. Ainda que existam barreiras como o preconceito e a falta de pesquisas com ênfase em questões exclusivamente femininas, é possível encontrar um número expressivo e crescente de mulheres que trabalham e coordenam projetos relevantes. Somos não só a terra do futebol, da caipirinha, do carnaval e da biodiversidade amazônica. Somos também ciência.

Assim como Marcela, outras cientistas virão. Uma nova geração que promete ainda mais descobertas, triunfos e mudanças.

Nota: Em 2005, as mulheres venceram novamente o Prêmio Jovem Cientista, desta vez em todas as categorias. Na de graduados, a maratonista, surfista e bióloga Ana Beatriz Gorini da Veiga descobriu que o veneno da taturana, em contato com a pele, ajuda no combate à trombose e arteriosclerose pela ação de substâncias anticoagulantes.

A estudante de biologia Amanda Meskauskas ganhou na categoria de graduandos, com uma pesquisa sobre células-tronco presentes no cordão umbilical. A aluna do segundo ano do ensino médio Natália Évelin Martins conquistou o prêmio pela descoberta de uma alternativa mais eficaz e barata de diagnóstico do mal de Chagas.

Em novembro de 2005, houve mais uma conquista feminina. A farmacêutica Suely Vilela Sampaio foi eleita a primeira reitora da USP. Em 2006, foi a segunda mulher a ser indicada para fazer parte do Conselho Superior da Fapesp. Além dela, outras mulheres estão se destacando, não apenas na ciência. Na política, por exemplo, Ellen Gracie tornou-se a primeira mulher a ocupar o cargo de presidente do Supremo Tribunal Federal, em 2006, quebrando anos de hegemonia masculina.

Arquivo pessoal de Marcela Chiumarelli

Marcela recebe o Prêmio Jovem Cientista das mãos do então vice-presidente da República, José Alencar

Tomates Débora identificados para análise da jovem cientista

Referências bibliográficas

ANGELIN, Rosangela. A "caça às bruxas": uma interpretação feminista. **Espaço Acadêmico**. Maringá, n. 53, out. 2005, ano 5. Disponível em: <http://www.espacoacademico.com.br/053/53angelin.htm>. Acesso em: outubro 2005.

BOAS, Sergio Vilas. **Perfis e como escrevê-los**. v.69. São Paulo: Summus, 2003. 162 p.

CIENCIA E XÉNERO. As mulleres na ciência: unha historia de invisibilidade, atrancos e desconsideración. **Boletín das Ciencias**. Asociación dos Ensinantes de Ciencias da Galicia. Espanha, n. 46, jun. 2001, p. 51-69. Disponível em: <www.enciga.org/boletin/46/boletin46_05.pdf>. Acesso em: setembro 2005.

GIESE, Patsy Ann, **Women in Science: 5000** Years of Obstacles and Achievements. University of Minnesota. Resource Center. Disponível em: <www1.umn.edu/ships/gender/giese.htm>. Acesso em: setembro 2005.

LETA, Jacqueline; LEWINSON, Grant. The contribution of women in Brazilian science: A case study in astronomy, immunology and oceanography. **Scientometrics**. v.57, n.3, 2003, p. 339-353.

OLIVEIRA, Fabíola de. **Jornalismo Científico**. São Paulo: Contexto, 2002. 89 p.

PEREIRA, Daniel. No topo do ranking per capita, produção científica da Unicamp pode crescer mais. **Jornal da Unicamp.** Campinas, Ed. 296 – 8 a 14 de ago 2005, p. 6.

RIBEIRO, Denise. Um outro olhar para a ciência. **Folha de S. Paulo**, 25 out. 2005. Sinapse, n.40, p.12-17.

TABAK, Fanny. **O laboratório de Pandora**: Estudos sobre a ciência no feminino. Rio de Janeiro: Garamond, 2002. 264 p.

ZAMBONI, Lilian Márcia Simões. **Cientistas, jornalistas e a divulgação científica**: subjetividade e heterogeneidade no discurso da divulgação científica. Campinas: Autores Associados, 2001. 167 p.

Adriana Válio Roque da Silva

BRASIL. Ministério da Ciência e Tecnologia. Conselho Nacional de Pesquisa e Desenvolvimento. **Sistema de Currículos Plataforma Lattes**. Adriana Válio. Disponível em: <http://lattes.cnpq.br/>. Acesso em: julho 2005.

KAKU, Michio. **Visões do futuro: como a ciência revolucionará o século XXI**. Rio de Janeiro: Rocco, 2001. 458 p.

LETHBRIDGE, Tiago. Explosões solares na mira dos cientistas. **Ciência Hoje on line**. Rio de Janeiro, 08 fev. 2002. Disponível em: <http://cienciahoje.uol.com.br/controlPanel/materia/view/2602>. Acesso em: outubro 2005.

NICOLSON, Iain. **Astronomia.** São Paulo: Edições Melhoramentos. Editora da Universidade de São Paulo, 1974. 156 p.

PIVETTA, Marcos. Outras estrelas, outros mundos. **Pesquisa Fapesp**. São Paulo, n. 104, out. 2004. Disponível em: <http://agencia.fapesp.br/index.php?s=134,3,2581,4&aq=s>. Acesso em: outubro 2005.

QUINTO, Antônio Carlos. Satélite capaz de descobrir novos planetas do tipo da Terra tem participação de cientistas brasileiros. **Agência de Notícias da USP**, São Paulo, n. 1186, 09 maio 2003. Disponível em: <http://www.usp.br/agen/bols/2003/rede1186.htm#primdestaq>. Acesso em: outubro 2005.

ROCHA, Ronicely Pereira. **Doenças Cromossômicas**. Universidade Federal de Viçosa. Viçosa. Disponível em: <http://www.ufv.br/dbg/BIO240/DC02.htm>. Acesso em: outubro 2005.

SILVA, Adriana. Página pessoal. **Centro de Rádio-Astronomia e Astrofísica Mackenzie**. São Paulo. Disponível em: <http://www.craam.mackenzie.br/~asilva/>. Acesso em: outubro 2005.

SOCIEDADE ASTRONÔMICA BRASILEIRA. **Histórico**. São Paulo. Disponível em: <http://www.sab-astro.org.br/historico.html>. Acesso em: outubro 2005.

Ana Maria Setubal Pires-Vanin

BRASIL. Ministério da Ciência e Tecnologia. Conselho Nacional de Pesquisa e Desenvolvimento. **Sistema de Currículos Plataforma Lattes**. Ana Maria Setubal Pires Vanin. Disponível em: <http://lattes.cnpq.br/>. Acesso em: julho 2005.

PORTO GENTE. **Diário de Bordo #3**. 12 setembro 2005. Disponível em <www.portogente.com.br>. Acesso em: setembro 2005.

UNIVERSIDADE DE SÃO PAULO. **Instituto Oceanográfico.** São Paulo. Disponível em: <http://www.io.usp.br>. Acesso em: julho 2005.

Carmen Sylvia de Alvarenga Junqueira

BRASIL. Ministério da Ciência e Tecnologia. Conselho Nacional de Pesquisa e Desenvolvimento. **Sistema de Currículos Plataforma Lattes**. Carmen Junqueira. Disponível em: <http://lattes.cnpq.br/>. Acesso em: julho 2005.

JUNQUEIRA, Carmen. **Os Índios de Itavu**. São Paulo: Ed. Ática, 1978. 111 p.

____; Kamaiurá. **Instituto Socioambiental**. Enciclópedia, São Paulo, jan. 2003. Disponível em: <http://www.socioambiental.org/website/pib/epi/kamaiura/ativ.shtm>. Acesso em: setembro 2005.

____; MINDLIN, Betty. Índias e antropólogas. **Estudos avançados**, Set./Dez.

2003, vol.17, no. 49, p. 235-251.

MÜLLER, Cristina; CAPOZOLLI, Ulisses. Orlando Villas Bôas sertanista e indigenista. **O Estado de S.Paulo**. Disponível em:<http://www.estadao.com.br/villasboas/perfil.htm>. Acesso em: setembro 2005.

ROTA BRASIL OESTE. **Perfil de Apoena Meireles**. Disponível em: <http://www.brasiloeste.com.br/noticia/1222/biografia-apoena>. Acesso em: setembro 2005.

____. **Posto Leonardo Villas Boas**. Disponível em: <http://www.brasiloeste.com.br/noticia/1191/posto-leonardo-villas-boas>. Acesso em: setembro 2005.

UNIVERSIDADE DE BRASÍLIA. Centro de Documentação. Pesquisa Histórica. **Invasão – O mundo em 1986**, Brasília. Disponível em: <http://www.unb.br/cedoc/pq_invasao.htm>. Acesso em: setembro 2005.

Constancia Pagano Gonçalves da Silva

BRASIL. Ministério da Ciência e Tecnologia. **Agência CT**. Disponível em: <http://agenciact.mct.gov.br/index.php?action=/content/view&cod_objeto=13186 >. Acesso em: setembro 2005.

____. **Comissão Nacional de Energia Nuclear**. Glossário. Disponivel em: < http://www.cnen.gov.br/ensino/glossario.asp>. Acesso em: outubro 2005.

____. Conselho Nacional de Pesquisa e Desenvolvimento. **Sistema de Currículos Plataforma Lattes**. Constancia Pagano Gonçalves da Silva. Disponível em: <http://lattes.cnpq.br/>. Acesso em: julho 2005.

BRASIL NUCLEAR. **Átomo rosa-shocking**. Rio de Janeiro. Associação Brasileira de Energia Nuclear. ano 5, n.17, abr.-set. 1998, 26 p.

REGIS, Rachel. Radioterapia beneficia 2 milhões de pessoas. **Scientific American**. São Paulo. ed. 5, out. 2002. Disponível em: <http://www2.uol.com.br/sciam/conteudo/materia/materia_7.html>. Acesso em: agosto 2005.

Lilian Maria de Castilho

BRASIL. Ministério da Ciência e Tecnologia. Conselho Nacional de Pesquisa e Desenvolvimento. **Sistema de Currículos Plataforma Lattes**. Lilian Maria de Castilho. Disponível em: <http://lattes.cnpq.br/>. Acesso em: julho 2005.

BRASIL. **Ministério da Saúde**. Campanhas incentivam doação de sangue. Disponível em: <http://portal.saude.gov.br/portal/saude/visualizar_texto.cfm?idtxt=22428>. Acesso em: setembro 2005.

NASCIMENTO, Paulo César. Uma questão de Sangue. **Jornal da Unicamp**. Universidade Estadual de Campinas. Campinas. ed. 295, 1 a 7 de agosto, 2005. Disponível em: <http://www.unicamp.br/unicamp/unicamp_hoje/ju/agosto2005/ju295pag03.html>. Acesso em: agosto 2005.

Luisa Lina Villa

AMORIM, Cristina. Testes aprovam vacina contra HPV. **O Estado de S. Paulo,** São Paulo, 7 out. 2005. Caderno Vida &, p. A18.

BRASIL. Ministério da Ciência e Tecnologia. Conselho Nacional de Pesquisa e Desenvolvimento. **Sistema de Currículos Plataforma Lattes**. Luisa Lina Villa. Disponível em: < http://lattes.cnpq.br/>. Acesso em: julho 2005.

BRASIL. Ministério da Saúde. **Instituto Nacional de Câncer**. Câncer do colo do útero. Disponível em: <http://www.inca.gov.br/conteudo_view.asp?id=326>. Acesso em: setembro 2005.

____. **Instituto Nacional de Câncer**. HPV – Perguntas e respostas mais freqüentes. Disponível em: <http://www.inca.gov.br/conteudo_view.asp?id=327>. Acesso em: setembro 2005.

DANTAS, Goimar; PEREIRA, Viviane. **Mulheres que Fazem São Paulo: a Força Feminina na Construção da Metrópole**. São Paulo: Celebris, 2004. p. 57-62.

NOGUEIRA, Salvador. Vacina protege 100% contra câncer de HPV. **Folha de S. Paulo,** São Paulo, 7 out. 2005. Ciência.

NUTRIENTE natural pode controlar infecção por HPV. **Hospital do Câncer em Foco.** São Paulo, n. 5, p. 6, dezembro 2001/janeiro 2002.

SEGATTO, Cristiane, et al. Um invasor no corpo. **Revista Época**, São Paulo, 12 nov. 2001, n. 182, Ciência e Tecnologia, Saúde. Disponível em: <http://epoca.globo.com/edic/20011112/ciencia1a.htm>. Acesso em: setembro 2005.

VILLA, Luisa Lina, et al. A Randomized, Double-blind, Placebio-controlled efficacy trial of a prophylactic quadrivalent Human Papillomavirus (Types 6/11/16/18) L1 virus-like particle vaccine in young women. **Lancet Oncology**, Estados Unidos, v. 6, p. 271-278, 2005.

Magda Aparecida de Lima

BRASIL. LBA. **Experimento de Grande Escala da Biosfera-Atmosfera na Amazônia**. Disponível em: <http://lba.cptec.inpe.br/lba/site/> Acesso em: abril 2006.

BRASIL. Ministério da Ciência e Tecnologia. **Convenção sobre mudança de clima**. Disponível em: <http://www.mct.gov.br/clima/ciencia/Default.htm>. Acesso em: setembro 2005.

____. **Protocolo de Kyoto**. Disponível em: <http://www.mct.gov.br/CEE/revista/Parcerias9/05revist9klabin.PDF>. Acesso em: abril 2006.

____. Conselho Nacional de Pesquisa e Desenvolvimento. **Sistema de Currículos Plataforma Lattes**. Magda Aparecida de Lima. Disponível em: <http://lattes.cnpq.br/>. Acesso em: julho 2005.

BRASIL. Petrobras Distribuidora S/A. **Potencial de geração com biomassa – Cana-de-açucar**. Disponível em: <http://www.br.com.br/portalbr/calandra.nsf#http://www.br.com.br/portalbr/calandra.nsf/0/

68E901F553AE01EA03256DAD004CDAF3?OpenDocument&SEnergia>. Acesso em: abril 2006.

CALLEGARO, Dagoberto. Esclerose Múltipla. **Drauzio Varella**. Disponível em: <http://www.drauziovarella.com.br/entrevistas/emultipla.asp>. Acesso em: setembro 2005.

EMPRESA BRASILEIRA DE PESQUISA AGROPECUÁRIA. **Rede Agrogases**, Jaguariúna, SP. Disponível em: <http://www.cnpma.embrapa.br/clima/rede_agrogases/layout.php?redir=principal.php&idioma=brasil&tipo=normal >. Acesso em: setembro 2005.

____. **Rede Agrogases**, Jaguariúna, SP. Disponível em: <http://www.cpafac.embrapa.br/noticias/not_agrogases_9_10.htm>. Acesso em: setembro 2005.

ENTENDA os principais pontos do Protocolo de Kyoto. **Folha de S.Paulo**. 16 fev. 2005. Disponível em: <http://www1.folha.uol.com.br/folha/bbc/ult272u39714.shtml>. Acesso em: outubro 2005.

ESTADOS UNIDOS. **National Oceanic and Atmospheric Administration.** September warmer and drier than average across U.S., warmest september globally since beginning of reliable instruments. 2005. Disponível em: <http://www.noaanews.noaa.gov/stories2005/s2521.htm>. Acesso em: outubro 2005.

Marcela Chiumarelli

BRASIL. Ministério da Ciência e Tecnologia. Conselho Nacional de Pesquisa e Desenvolvimento. Currículo Lattes. **Sistema de Currículos Plataforma Lattes**. Disponível em: < http://lattes.cnpq.br/>. Acesso em: julho 2005.

BRASIL. **Secretaria de Estado da Saúde do Paraná**. População Cambará. Disponível em: <http://www.saude.pr.gov.br:2080/perfilweb.nsf/municipios/cod0286390?OpenDocument>. Acesso em: outubro 2005.

BRASIL. Conselho Nacional de Desenvolvimento Científico e Tecnológico. **Prêmio Jovem Cientista**. Disponível em: <http://www.cnpq.br/jovemcientista/index_danubio.htm>. Acesso em: agosto 2005.

ELETROBRÁS. Prêmio Jovem Cientista 2005. Disponível em: <http://www.eletrobras.gov.br/PROCEL/site/novidades/noticias_1170.asp>. Acesso em: abril 2006.

GUEDES, Gilse. Mulheres dominam o Concurso Jovem Cientista 2004. **O Estado de S.Paulo**. Brasília, Educação, 26 out. 2004. Disponível em: <http://www.estadao.com.br/educando/noticias/2004/out/26/156.htm>. Acesso em: setembro 2005.

HDWeb. **Site da fome no Brasil**. Disponível em <http://www.sitedafome.com.br/>. Acesso em: outubro 2005.

RAMOS, Victor; TAKAHASHI, Fábio. Alckmin confirma que USP terá sua primeira reitora. **Folha de São Paulo**, São Paulo, 24 nov. 2005. Caderno de Cotidiano, p. C 5.

UNIVERSIDADE ESTADUAL DE CAMPINAS. Faculdade de Engenharia Agrícola.

Tomates. Campinas. Disponível em: <http://www.agr.unicamp.br/tomates/socioeconomia.htm>. Acesso em: outubro 2005.

Maria Beatriz Puzzi

BRASIL. Ministério da Ciência e Tecnologia. Conselho Nacional de Pesquisa e Desenvolvimento. **Sistema de Currículos Plataforma Lattes**. Maria Beatriz Puzzi. Disponível em: <http://lattes.cnpq.br/>. Acesso em: julho 2005.

JORNAL DA GLOBO. **Feita em laboratório**. Rio de Janeiro, 22 jun. 2005. Disponível em: <http://jg.globo.com/JGlobo/0,19125,VTJ0-2742-20050622-99255,00.html#>. Acesso em: junho 2005.

UNIVERSIDADE ESTADUAL DE CAMPINAS. **Canal Aberto**. Unicamp na mídia. Campinas, junho, 2005. Disponível em: <http://www.unicamp.br/unicamp/canal_aberto/clipping/junho2005/clipping050623_folha.html>. Acesso em: junho 2005.

____. **Canal Aberto**. Unicamp na mídia. Campinas, junho, 2005. Disponível em: <http://www.unicamp.br/unicamp/canal_aberto/clipping/junho2005/clipping050622a_oglobo.htm>. Acesso em: junho 2005.

____. **Canal Aberto**. Unicamp na mídia. Campinas, junho, 2005. Disponível em: <http://www.unicamp.br/unicamp/canal_aberto/clipping/junho2005/clipping050623_correiopop.html#2>. Acesso em: junho 2005.

Margarida Maria Kröhling Kunsch

BRASIL. Ministério da Ciência e Tecnologia. Conselho Nacional de Pesquisa e Desenvolvimento. **Sistema de Currículos Plataforma Lattes**. Margarida Maria Krohling Kunsch. Disponível em: <http://lattes.cnpq.br/>. Acesso em: outubro 2005.

KUNSCH, Margarida Maria Krohling. **Memorial**. 2005. 267 p. Concurso de professor-titular (Departamento de Relações Públicas, Propaganda e Turismo) – Escola de Comunicação e Artes, USP, São Paulo.

SILVA, Heloiza Dias da. Margarida Kunsch: novos paradigmas para a comunicação organizacional. **Revista Científica Digital PCLA**, São Bernardo do Campo, v.4, n.4, Julho/Agosto/Setembro 2003. Disponível em: <http://www2.metodista.br/unesco/PCLA/revista16/revista1.htm>. Acesso em: outubro 2005.

Monica Levy Andersen

ANDERSEN, Monica Levy. **Memorial apresentado à Comissão de Processo Seletivo da Universidade Federal de São Paulo, Campus Baixada Santista – Escola Paulista de Medicina**. 2005. 61 f. São Paulo, 2005.

____ ; et al. **Princípios éticos e práticos do uso de animais de experimentação**. São Paulo: Unifesp, 2004. 167 p.

BALAZINA, Afra; BAPTISTA, Renata. Lei restringe uso de animais em pesquisa. **Folha de S. Paulo**, São Paulo, 27 ago. 2005. Caderno de cotidiano, p. C 4.

BRASIL. Ministério da Ciência e Tecnologia. Conselho Nacional de Pesquisa e Desenvolvimento. **Sistema de Currículos Plataforma Lattes**. Monica Levy Andersen. Disponível em: <http://lattes.cnpq.br/>. Acesso em: outubro 2005.

BRASIL. **Ministério Público do Estado do Rio de Janeiro**. Perguntas e Respostas. Disponível em: <http://www.mp.rj.gov.br/portal/page?_pageid=235,236981 9&_dad=portal&_schema=PORTAL>. Acesso em: agosto 2005.

LOPES, Reinaldo José. O dia da cobaia: o uso de animais na pesquisa científica. **Folha de S. Paulo**, 11 set. 2005. Mais!

RATO 'milagroso' consegue regenerar vários órgãos. **O Estado de S. Paulo, São Paulo,** 30 ago. 2005.

SCIENCE. **So much more to know**. Estados Unidos. v.309, Issue 5731, p. 78-102 , 1 julho 2005. Disponível em: <http://www.sciencemag.org/cgi/content/full/309/5731/78b>. Acesso em: agosto 2005.

ZORZETTO, Ricardo. De olhos bem abertos. **Pesquisa Fapesp**, São Paulo, n. 110, p.48-55, abril 2005.

Rosângela Itri

ABC DA SAÚDE. **Vitiligo**. Porto Alegre. Disponível em : <http://www.abcdasaude.com.br/artigo.php?456>. Acesso em: agosto 2005.

BRASIL. Ministério da Ciência e Tecnologia. **Observatório Nacional**. Glossário. Disponível em: <http://www.on.br/glossario/alfabeto/p/p.html>. Acesso em: agosto 2005.

____. Ministério da Ciência e Tecnologia. Conselho Nacional de Pesquisa e Desenvolvimento. **Sistema de Currículos Plataforma Lattes**. Rosangela Itri. Disponível em: <http://lattes.cnpq.br/>. Acesso em: outubro 2005.

EINSTEIN, Albert. **A Teoria da Relatividade Especial e Geral**. Tradução original do alemão Carlos Almeida Pereira. 2ª ed. Rio de Janeiro: Contraponto, 1999. 136 p.

LIVRO DO FUTURO, O. Sua vida vai mudar. Saiba Como. **Super Interessante**. São Paulo, Abril. Edição de colecionador, mar. 2005, 82 p.

MÁRQUEZ, Gabriel García. **O Amor nos tempos do cólera**. 26ª ed. Rio de Janeiro: Record, 2005, p. 417-418.

NARLOCH, Leandro. Nanotecnologia está na rua. **Super Interessante**. São Paulo, Abril. Ed. 215, jul. 2005, p. 54-59.

PSORÍASE-ONLINE. **Tudo sobre psoríase**. Disponível em: <http://www.psoriaseonline.com.br/pc/dermatologia/psoriase/web/sobre_psoriase/default.asp>. Acesso em: agosto 2005.

VOGT, Carlos. Admirável Nano-Mundo-Novo. **Revista Com Ciência**, Campinas, n. 37, nov. 2002. Disponível em: <http://www.comciencia.br/reportagens/nanotecnologia/nano01.htm>. Acesso em: agosto 2005.

Impressão e Acabamento
Prol
EDITORA GRÁFICA